Lotte Bormuth

Nicht schimpfen, nur freuen!

francke

Über die Autorin:
Lotte Bormuth ist eine der erfolgreichsten christlichen Autorinnen Deutschlands. In bald 100 Titeln hat sie mit Lebensbildern und eigenen Erlebnissen vielen Menschen Trost, Freude und Glaubensmut vermittelt. Sie hat fünf Kinder und 15 Enkel und lebt mit ihrem Mann in Marburg.

Bibliografische Information Der Deutschen Bibliothek
Die Deutsche Bibliothek verzeichnet diese Publikation in der Deutschen Nationalbibliografie;
detaillierte bibliografische Daten sind im Internet über http://dnb.ddb.de abrufbar.

ISBN 978-3-86827-406-6
Alle Rechte vorbehalten
© 2013 by Verlag der Francke-Buchhandlung GmbH
35037 Marburg an der Lahn
Umschlagbild: © shutterstock.com / Natalia Kirichenko
Umschlaggestaltung: Verlag der Francke-Buchhandlung GmbH / Christian Heinritz
Satz: Verlag der Francke-Buchhandlung GmbH
Druck und Bindung: CPI Moravia Books, Korneuburg

www.francke-buch.de

Inhaltsverzeichnis

Karolas Tränen

Bald habe ich es geschafft, dachte ich im Stillen, als die Uhr auf 22 Uhr 30 zeigte und meine Schicht in der Telefonseelsorge sich dem Ende näherte. Aber da klingelte noch einmal das Telefon. Eine Studentin war am Apparat. Sie schluchzte bitterlich, und ich konnte die wenigen Worte kaum verstehen, die an mein Ohr drangen. Ich versuchte die junge Frau zu beruhigen. „Wir haben Zeit, viel Zeit, lassen Sie Ihrem Kummer nur freien Lauf. Tränen sind auch eine wunderbare Gabe. Sie schaffen Erleichterung und helfen, den Schmerz in Worte zu fassen."

Stoßweise brachte Karola – mit diesem Namen hatte sie sich gemeldet – ihre Konflikte über die Lippen: „Keiner liebt mich, keiner mag mich. Jede Beziehung, die ich bisher begonnen habe, ist schon nach kurzer Zeit wieder in die Brüche gegangen. Ich bin wohl unfähig zu lieben. Dabei sehne ich mich so sehr nach einem Menschen, an dessen Schulter ich meinen Kopf anlehnen kann, der mich versteht und mit dem ich mein

Leid teilen könnte. Aber mir scheint das Glück nicht hold zu sein. Ich weiß gar nicht, was wahre Liebe ist. Zu Hause in unserer Familie herrschte eine kalte, frostige Atmosphäre. Mein Vater ist Alkoholiker. Haben Sie schon mal in die Stuben eines Säufers geblickt? Sie ahnen ja nicht, was sich in diesen vier Wänden abspielt. Wir Kinder haben gezittert, wenn Vater nach einer Zechtour heimkam. Schon der kleinste Anlass diente dazu, dass er nach der Peitsche griff. Sie lag oben auf dem Küchenschrank und hatte neun Riemen. Wie haben wir diese Schläge gefürchtet! Wenn Vater zuschlug – er war Maurer von Beruf und bärenstark –, dann spürten wir den Schmerz gleich neunmal auf unserm Rücken. Ich war die Älteste und habe besonders seinen Zorn zu spüren bekommen, wenn die Schnapsflasche leer war und ich zögerte, zur Kneipe zu laufen, um Nachschub zu holen. Ahnen Sie, wie einem Kind zumute ist, das mit leerem Portemonnaie vor dem Wirt steht und um Branntwein bettelt? War es da nicht verständlich, dass ich nach Ausflüchten suchte? Das begriff Vater nicht, und er schlug unbarmherzig mit seiner „neunschwänzigen Katze", wie er das Folterinstrument nannte, auf mich ein. Diese Schläge ertrug ich noch, wenn auch unter lautem Schreien. Wenn er aber meine kleineren Geschwister drangsalierte und mir keine Möglichkeit blieb, sie vor der Wut meines Vaters zu schützen, dann riss mir das fast das Herz aus dem Leibe."

Ein längeres Schweigen folgte, und auch mir hatte dieses Reden die Sprache verschlagen. Was hätte ich der Studentin auch sagen sollen? Ich litt mit ihr. Dann führte sie das Gespräch fort. „Aber das ist noch nicht alles, was mein Leben so zerstört hat. Ich war gerade neun Jahre alt. Vater konnte nicht am Bau arbeiten. Der Frost hatte eingesetzt, da behielt er mich aus der Schule zu Hause und holte mich in sein Bett. Mutter lag gerade wegen einer schweren Darmoperation in der Klinik, so konnte ich sie nicht um Hilfe anflehen. Ich zitterte am ganzen Körper und begriff nicht, was mit mir geschah. Wie ein wildes Tier stürzte er sich auf mich. Das war der Anfang eines langen schmachvollen Weges. Ich bin so besudelt worden und fühle mich schrecklich schmutzig. Ständig könnte ich unter der Dusche stehen und mir den Dreck abwaschen. Warum hat mir mein Vater das angetan? Er hat mir mein ganzes Leben zerstört. Ich bin zu keiner Liebesbeziehung fähig. Begegne ich einem Menschen, der mir gefallen könnte und der mich liebt, scheitere ich immer wieder, weil das Misstrauen und die Angst so tief in mir sitzen. Vor vier Tagen habe ich mich wieder von meinem Freund getrennt, und ich weiß, ich bin selbst schuld daran. So werde ich wohl lebenslang einsam und allein bleiben. Ich habe keinen Menschen, der zu mir steht. Ich bin so verzweifelt."

„Ich stehe zu Ihnen", versuchte ich der jungen Dame Mut zu machen. „Ich habe auch erwachsene Kinder und kann vielleicht auf Ihre Konflikte eingehen. Ich würde Sie gerne einmal persönlich kennenlernen und lade Sie zum Essen ein. Würden Sie kommen?"

„Wie, ich soll zu Ihnen zum Essen kommen? Sie kennen mich doch gar nicht", drangen die Worte etwas skeptisch an mein Ohr.

„Das ist für mich kein Problem. Ich würde Sie gerne bei mir zu Hause haben. Dann könnten wir in aller Ruhe über Ihre Nöte sprechen. Bei einer guten Tasse Kaffee kommen einem die Worte leichter über die Lippen. Mir würden Sie mit Ihrem Besuch eine Freude machen."

„Geht es auch an einem Vormittag? Dann könnte ich es mir einrichten."

„Gut, dann seien Sie morgen früh mein Gast. Zu welcher Stunde würde es Ihnen passen?"

„Um neun könnte ich bei Ihnen sein, ja neun ist eine gute Zeit für mich."

Die Stimme meiner Anruferin klang nun schon etwas heller.

„Bis morgen dann", verabschiedete sich die Studentin von mir.

Am nächsten Tag wachte ich voller Erwartung auf. Es war mir eine große Freude, das Essen auf den Tisch zu bringen. Aus dem Garten holte ich die letzten Röschen und stellte sie in eine Vase. Den Kühlschrank räumte ich fast ganz aus, kochte Eier, schnitt Wurst und Käse, füllte selbst gekochte Marmelade in eine Schale und backte die Brötchen auf. Festlich gedeckt sah der Tisch aus. Würde mein Gast Tee oder Kaffee trinken? Ach ja, im Backofen stand ja noch ein Blech herrlicher Apfelkuchen mit Butterstreusel. Es sollte an nichts fehlen. Würde die Studentin auch wirklich kommen? Punkt neun Uhr klingelte die Türglocke.

Dann setzten wir uns zusammen. Erst jetzt merkte ich, dass ich im Eifer des Gefechts die Kerze vergessen hatte. Und doch wurde uns während der Unterhaltung so warm ums Herz.

„Sie sind ein so begabter, wertvoller Mensch, Gott liebt Sie, an der höchsten Stelle sind Sie anerkannt. Der Vater im Himmel weiß, wie sehr Sie diese Zuwendung von ihm brauchen. Auch wenn Ihr leiblicher Vater Ihnen schrecklichen Schaden zugefügt hat und Sie an Ihrer Seele sehr verwundet sind, sollten Sie sich doch nicht im Gestrüpp hässlicher Bitterkeit verfangen, sondern um Heilung bestrebt sein. Vor allen Dingen aber brauchen Sie viel Geduld und einen langen Atem. Ich könnte Ihnen einige Adressen nennen, wo Sie auch therapeutische Hilfe finden. Übrigens würde es mich sehr freuen, wenn wir in Kontakt miteinander blieben. Unser Gespräch müsste fortgesetzt werden."

So saßen wir nun schon fast eine Stunde beieinander. Plötzlich schaute die Studentin auf die Uhr. „O, ich glaube, ich muss mich wieder auf mein Rad schwingen. In einer halben Stunde beginnt meine Vorlesung."

Schnell holte ich aus dem Regal eins meiner Bücher und schrieb als Widmung diesen wunderbaren Vers aus Jesaja 43: „Weil du in meinen Augen so wertgeachtet bist, spricht Gott, musst du auch herrlich sein, denn ich habe dich lieb. Darum fürchte dich nicht!" Dann verabschiedeten wir uns voneinander.

Während die junge Frau den Berg hinunterradelte, drehte sie sich noch einmal um und winkte mir fröhlich zu. Mich aber begleitete dieses Wort von Gott durch meinen Tag: „Du bist mir wertvoll!"

Nur ein kleiner Zettel

Auf einer Frauentagung in Altensteig im Schwarzwald hielt ich zwei Vorträge. 150 Teilnehmerinnen hatten sich angemeldet, und es waren noch mehr gekommen. Die treuen Helfer in der Küche hatten tüchtig zu schaffen, um alle hungrigen Münder satt zu machen. Das ist schon ein erhebender und bewegender Anblick, so viele hörbereite und erwartungsvolle Frauen vor sich zu sehen. Mein Thema lautete: „... weil du so wertvoll bist." Als ich nach Ende meiner Rede dem Ausgang zustrebte, drückte mir eine Frau einen kleinen weißen Zettel in die Hand. Darauf stand: „Liebe Frau Bormuth, bitte beten Sie für mich und meine Familie. Ich war heute zum ersten Mal auf einer solchen Veranstaltung und habe hier begriffen, welch große Liebe Jesus zu mir hat. Einen herzlichen Gruß von einer noch jungen Christin."

Ich las diese Worte, und mir wurde es warm ums Herz. Wenn auch nur ein Mensch erfahren hat: Ich bin von Jesus geliebt, er hat mich zu sich gezogen, ich darf mein kleines

Leben in seine starken Hände legen, dann haben sich alle Mühe und Anstrengung einer weiten Dienstreise gelohnt. In diesem Augenblick war ich zutiefst glücklich und froh.

Martin Luther hat einen treffenden Ausspruch getan: „Einen traurigen, verzagten Menschen fröhlich zu machen, ist mehr als ein Königreich erobern."

So will ich Traurige trösten und wieder froh machen. Sie sollen Lust am Leben gewinnen.

Die verbrannten Briefe

Meine Schwiegermutter war im Alter von fast 93 Jahren gestorben. Meinem Mann und mir fiel die nicht leichte Aufgabe zu, den Nachlass zu ordnen. Nie hätte ich gedacht, dass wir solche „Reichtümer" entdecken würden. Vom Keller bis zum Boden standen alle Räume voll mit „Kostbarkeiten": Marmelade von 1936, die ersten Schuhe meines Mannes, ein Gewehr, alte Hüte, breitrandig und voller Blumenschmuck, Spiegel, Puppen, alte Uniformen, Wein aus dem Jahr 1924, wunderbar mit einem Etikett versehen, echte Kernseife und Puddingdosen aus Beständen der amerikanischen Besatzungsmacht, Fotos, Zeitungen, Bücher, Fotoapparate, Engelsfiguren und eine Christusgestalt mit abgebrochenem Arm, schmiedeeiserne Öfen und uralte Bilder.

Sammler hätten ihre wahre Freude daran gehabt, und so stellten sich auch bald Interessenten ein, die in all den Schätzen herumwühlen wollten. Mir war die Entsorgung des Erbes aber mehr eine Last als Lust, und sie wurde noch bedrückender, als ich in einer Kommode aus Mahagoniholz mehrere Packen alter Briefe entdeckte. Ein ganzer Stoß betraf auch mich. Meine Schwiegermutter hatte die Angewohnheit, ihre Korrespondenz immer erst ins Unreine zu schreiben und dann die Antwort dazuzuheften. So waren diese Briefe für mich sehr aufschlussreich. In einer langen Nacht habe ich sie gelesen und dabei bitterlich geweint.

So schrieb Mutter an ihren Bruder: „Lieber Odo! Du glaubst gar nicht, wie verzweifelt ich bin. Warum nur musste mein Sohn, ich hab doch nur einen einzigen, an so ein armes Flüchtlingsmädchen geraten, das dazu noch aus Bessarabien stammt. Weißt Du überhaupt, wo Bessarabien liegt? Ich hatte solch große Hoffnungen auf Karl Heinz gesetzt und habe ihn studieren lassen, was mir wahrlich nicht leichtgefallen ist, ohne Deine tatkräftige Unterstützung hätte ich es gar nicht geschafft. Karriere sollte er machen. Aber daraus wird wohl nichts. Warum musste er ausgerechnet in den Armen eines Russenmädchens landen, das so arm ist wie eine Kirchenmaus? Diese Studentin besitzt keinen Heller und Pfennig. Sie wird meinen guten Jungen noch ruinieren. Was soll ich bloß machen? Nie, nie werde ich diese Fremde, die zudem auch noch fromm ist, annehmen können. Weißt Du einen Rat, mein lieber Bruder? Könntest Du vielleicht mit Karl Heinz reden?"

Ich will an der Stelle abbrechen und nicht weiterzitieren, denn mich haben diese Briefe sehr traurig gemacht. Erst jetzt begriff ich, warum Mutter immer wieder Gründe fand, warum unsere Hochzeit hinausgeschoben wurde. So sollte erst das Haus gründlich renoviert werden, und dann könnte ja das Fest stattfinden. Außerdem wäre es schön, wenn ihr einziger Bruder auch an der Trauung teilnehmen könnte, aber das sei frühestens in einem Jahr möglich, denn im Augenblick habe Odo furchtbar viel Arbeit im Patentamt. Er sei unabkömmlich usw.

Karl Heinz hatte mich vor zwei Jahren an der Universität kennengelernt, als ich für mein Theologiestudium Hebräisch lernte. Wir haben uns öfter in den Räumen der Studentenmission getroffen und miteinander alttestamentliche Texte übersetzt. Einen Tag vor der Prüfung fragte er mich dann, ob ich seine Frau werden möchte. Er habe den Eindruck, Gott habe uns füreinander bestimmt. So wussten wir uns von Gott zusammengeführt und liebten uns.

Wenn uns Mutter nicht im Wege gestanden hätte, wären wir schon ein Jahr eher vor den Traualtar getreten. Erst jetzt, nach 36 Jahren, verstand ich, dass Mutter eigentlich unsere Hochzeit verhindern wollte. Nun hockte ich inmitten dieser schrecklichen Briefe, schluchzte und durchlitt noch einmal diese spannungsreiche Zeit. Hass und Wut wollten in mir aufkommen, und ich lernte mein böses Herz kennen. Das Selbstmitleid schlich sich bei mir ein. Dann aber wurde mir schlagartig klar, dass ich mich nicht solch hässlichen Gefühlen hingeben sollte. Ich wollte mich nicht im Dickicht kleiner oder großer Verletzlichkeiten verlieren, sondern wollte lieben und verzeihen. Denn wie hätte ich das Gebet Jesu sprechen können, das er uns gelehrt hat, „Und vergib uns unsere Schuld, wie wir vergeben unsern Schuldigern", wenn ich meinen Zorn hätte ausufern lassen?

Ich hatte in den letzten Jahren ein gutes, freundliches Miteinander zu meiner Schwiegermutter aufgebaut, sie auch in unser Haus geholt und bis ins hohe Alter gepflegt. Fast 93 Jahre ist sie geworden. Als ich sie einmal wusch, schaute sie mich liebevoll an und lächelte: „Ach Lotte, dass du mich aber so gut versorgst!" Einmal fragte sie mich auch, was denn mit den Briefen geschehen würde. Ich wusste nicht, was sie mir damit sagen wollte, und schwieg.

Nun lagen diese grässlichen Briefe vor mir auf dem Tisch. Nein, diese gute Beziehung zu Mutter wollte ich mir nicht wieder zerstören lassen. So zündete ich ein kleines Feuer an und verbrannte einen Brief nach dem andern. Dabei flehte ich zu Gott, er möge mein Innerstes reinigen und mit guten Gedanken füllen. Ich wollte meiner Kindespflicht nachkommen und meine Schwiegermutter ehren, denn sie war es, die meinem Mann das Leben geschenkt hat. Ohne sie hätte ich nie das Glück einer guten, reich gesegneten Ehe kennengelernt. Das Verzeihen ist doch eine wunderbare Macht. Es hat heilende Kraft. Heute stelle ich Blumen auf das Grab unserer Mutter.

Was habe ich aus meinem Leben gemacht

Ja, was habe ich mit meinem Leben gemacht? Diese wichtige Frage stelle ich mir selbst, wenn ich durch dieses eindrucksvolle Werk erinnert werde, dass ich mich einmal vor meinem himmlischen Richter verantworten muss. Soll ich vor ihm aufzählen, dass ich fünf Kinder geboren, 54.669 Windeln gewaschen, ein Haus gebaut und 39 Mal den Garten umgegraben habe, dass mir heute die Knochen wehtun? Ist es genug, dass ich versuchte, mit meiner Schwiegermutter, Nachbarin und mit den Lehrern meiner Kinder ausgesöhnt zu leben? Gerade das Letztere ist mir besonders schwergefallen, weil ich einmal zusehen musste, wie eine Lehrerin meinen Sohn einfach links liegen ließ und ihn schulisch überhaupt nicht förderte. Wird es mir angerechnet, dass ich den Bruder von der Landstraße in unsere Familie aufnahm und ihm ein Dach über den Kopf gab? Sieben Jahre wohnt nun dieser Mann in unserm Haus und geht heute einer geregelten Arbeit nach. Ist das nicht eine gute Tat, die vor Gott gelten müsste?

Müsste ich um der Wahrheit willen nicht auch aufzählen, wo ich in meinem Tun gescheitert bin? Als ich nur ein wenig darüber nachdachte, wurde die Liste der Verfehlungen immer länger, sodass mir graute. Wie konnte ich meinem Jungen einen Klaps auf den Po geben, als er jede Nacht weinte. Ich dachte, der kleine Kerl will nur in mein Bett, und deshalb heult er. Ich übersah dabei, dass das Kind Schmerzen hatte, denn am nächsten Morgen floss der Eiter aus seinem Ohr. Ich hätte darüber am liebsten im Erdboden versinken mögen, so niedergeschlagen war ich über meinem Versagen.

Oder ich werde an eine alleinerziehende Mutter erinnert. Ich wusste, sie steckt in einer schweren Krise und leidet an einer Depression. Ich hätte sie unbedingt besuchen sollen, aber ich wollte erst die letzten Seiten meines Buches fertig schreiben. Vierzehn Tage später las ich dann ihre Todesanzeige in der Zeitung: „Meine liebe Mami ist von mir gegangen! Jessika."

Diesen Selbstmord hätte ich vielleicht verhindern können. Noch heute quäle ich mich in meiner Seele, wenn ich an Jessikas Mutti erinnert werde.

Ich will nicht länger mein Versagen und meine Versäumnisse aufzählen. Sie sind doch nicht wiedergutzumachen. Vor Gott kann ich nicht bestehen. Es ist töricht, zu meinen, man könne gute Taten gegen böse aufrechnen. Mir geht es wie einem kleinen Jungen aus dem Heim für geistig behinderte Kinder in Bethel. Nach einem heftigen Krampfanfall fragte er: „Pastor Bodelschwingh, muss ich mich ganz arg vor dem lieben Gott fürchten, wenn ich einmal vor ihm stehe?" Friedrich von Bodelschwingh, der gütige und kluge Leiter dieser großen Anstalt, antwortete ihm: „Ja, Bruno, wir müssen uns schon vor ihm fürchten, denn er muss sehr zornig über uns sein. Aber dann kommt Jesus zu dir, den du so lieb hast und dem du dein Leben anvertraut hast, fasst dich bei der Hand und führt dich geradewegs in die neue Welt Gottes hinein. Alle deine Sünden rechnet er dir nicht zu, denn er hat am Kreuz auf Golgatha sein Leben geopfert, damit du mit dem Vater im Himmel ausgesöhnt bist. Die Strafe, die wir verdient hätten, hat er, der Gottessohn, auf sich genommen, und wir gehen frei aus. Wie heißt es in der Bibel: ‚Die Strafe liegt auf ihm, auf dass wir Frieden hätten, und durch seine Wunden sind wir geheilt.‘ Bruno, klammere dich ganz fest an Jesus. Er ist einzigartig. Ihm darfst du dich anvertrauen. Seine Liebe bringt dich in den Himmel!"

Ein Achtmonatskind

Als unser Gottfried das Licht der Welt erblickte, war ich zutiefst betrübt. Viel zu früh war der Junge durch eine Zangengeburt geholt worden. Das Köpfchen war an beiden Seiten an den Schläfen eingedrückt und die Stellen blutunterlaufen. Nicht ein einziges Mal habe ich seine Äuglein sehen können, denn er schlief die ganze Zeit. Außerdem plagte ihn noch eine schwere Gelbsucht. Wenn ich Gottfried an die Brust legte, hatte das Kind keine Kraft zu saugen und Nahrung aufzunehmen. Ich habe noch nie so viel geweint wie in diesen Tagen des Krankenhausaufenthalts und hatte kaum noch Hoffnung, meinen Sohn lebend mit nach Haus zu nehmen. Wenn ich dem Arzt meine Befürchtungen sagte, lächelte er freundlich und meinte: „Gnädige Frau, ich habe schon schlimmere Babys gesehen." Ich war entsetzt über sein Verhalten und habe erst später erfahren, dass dem Arzt kurz nach meiner Entbindung gekündigt wurde, weil er morphiumsüchtig war.

Die Zeichen standen schlecht um unsern Sohn, und nach sechs Wochen hatte das Baby noch immer nicht das Geburtsgewicht erreicht. So weiß ich, was es bedeutet, ein Kind des Kummers zu haben. Geholfen hat mir eine Diakonisse, Schwester Else. Sie leitete das Säuglingsheim Bethesda in Marburg. Bei ihr holte ich mir Rat. Sie schaute sich das Baby genau an, untersuchte es, gab mir gute Ratschläge und empfahl mir eine hervorragende Babynahrung. Alle zwei Stunden fütterte ich Gottfried mit einem Löffelchen, stellte ihn viel an die frische Luft und im Übrigen faltete ich meine Hände und rief Gott im Himmel an. Den Namen Gottfried haben wir mit Bedacht für unsern Sohn ausgesucht. Ich selbst brauchte Frieden, wollte ihn aber auch für unsern Jungen erflehen.

Es ist immer heilsam für uns, wenn wir uns an die Zeiten erinnern, da wir Gottes Hilfe in besonderem Maße erfahren haben. Gott tut Wunder, auch heute noch. Wie habe ich gezittert, geweint und gebangt, aber mich auch gefreut und gejubelt, als die Zeiten der Schwäche überwunden waren. Wer Gottfried heute sieht, würde nie denken, dass er einmal ein ganz schwaches Kind war.

Mutti, du bist auf der falschen Spur

Auf der Insel Rügen begegnete ich einer Dame. Sie war schön, attraktiv, und zu ihrem wunderbaren Aussehen trug sicher ihr Beruf mit dazu bei. Sie war nämlich Kosmetikerin. Während einer Strandwanderung erzählte sie mir, wie verzweifelt sie nach dem Zerbruch ihrer Ehe gewesen sei. Sie suchte in allen möglichen und unmöglichen Angeboten einen inneren Halt. Aber sie geriet durch Yoga, Transzendentale Meditation, Esoterik und spiritistische Sitzungen in noch größere Krisen. Fast war sie des Lebens überdrüssig geworden. Die Sehnsucht nach Liebe, Geborgenheit und nach einem neuen Sinn in ihrem Dasein trieb sie von einer Lust in die andere. Sie schwelgte in ihren Träumen, hastete auf der endlosen Straße zweifelhafter Vergnügungen dahin und musste schließlich erkennen, dass ihr alles unter den Händen zerrann. Je unglücklicher und verlorener sie sich fühlte, umso mehr tobte und feierte sie, bis sie an den Nullpunkt geriet.

Gerade in dieser Situation geschah ein Wunder. Ihr Sohn, ein Student der Informatik, fand in der Studentenmission zum Glauben an Christus. Er erkannte schlagartig, dass auch seine Mutter Christus brauchte. In einem längeren Gespräch ermutigte er sie: „Mutti, du bist auf der falschen Spur. Warum fängst du nicht mal an, die Bibel zu lesen? In der Person Jesu Christi, wie sie uns im Neuen Testament geschildert wird, begegnet dir Gott selber. Er kann auch deine Probleme in seine Hand nehmen, und du findest Ruhe und Frieden in deiner Bekümmertheit. Suche Jesus, Mutter, er will auch dein Erretter werden! Du kannst im Einklang mit Gottes Willen leben, wenn du dich ihm anvertraust." Dies war ein guter, ja, der beste Rat, den je ein Sohn seiner Mutter gegeben hat. Sie befolgte ihn und las in der Bibel. So wurde ihr Innerstes von Grund auf erneuert. Ja sie suchte nach Wegen, wie sie ihre Kundinnen auch in die Nähe Gottes bringen könnte. Für mich war diese Kosmetikerin eine faszinierende Frau. Vierzehn wunderschöne Rüsttage mit der Bibel verlebte ich mit ihr im herrlichen Ostseebad Binz. Es war eine Lust, zu sehen, wie sie ihr Christsein in die Tat umsetzte. Als eine Dame vorzeitig aus dieser Freizeit abreisen sollte, weil ihr Zimmer anderweitig gebraucht wurde, da nahm die Kosmetikerin sie in ihr Zimmer auf. Das ist gelebter Glaube.

Mutti, Jesus sitzt auch in deinem Boot

Es war in der Zeit, als meine Mutter bei uns lebte. Sie war zu einem Schwerstpflegefall geworden. Über zwanzig Monate war ich fest ans Haus gebunden. Besonders gefreut hat mich ein Brief meines Sohnes, der mich überrascht hat. Daniel schickte mir eine Spruchkarte mit dem Bild, wo Jesus mitten im Sturm im Boot der Jünger sitzt und sie durch sein Wort tröstet. Er gebietet dem Wind und den Wogen: Schweigt und verstummt! Da wurde das Meer sehr ruhig. Nur wenige Zeilen hat mein Sohn hinzugefügt:

„Mutti, du bist jetzt in einer schwierigen Situation. Täglich denke ich an dich im Gebet. Wenn bei dir zu Hause jetzt der Sturm losbricht, dann erinnere dich daran: Jesus sitzt auch in deinem Boot und er gebietet den Wellen, dass sie nicht über dir zusammenschlagen dürfen. Alles Liebe, dein Daniel."

Diese Spruchkarte stand viele Wochen auf meinem Schreibtisch und hat mir Mut gemacht, unter der Last einer schweren Pflege zu stehen und trotzdem innerlich fröhlich zu bleiben, denn ich wusste: Jesus sitzt auch in meinem Boot.

Der Kunde ist König

Es ist Urlaubszeit, und vor dem Gepäck-
schalter im Flughafengebäude hat sich eine
lange Schlange gebildet. Ein älterer Herr ist
erbost, dass er so lange warten muss. Als er
an die Reihe kommt, schimpft er mächtig
los: „Da bezahle ich so viel Geld für meine
Reise, und wo bleibt der Service? Können Sie
sich nicht etwas beeilen, dass ich mir nicht
noch die Beine in den Leib stehen muss?"
Verärgert stellt der alte Herr seinen Koffer
auf die Waage und blickt den Flughafenbe-
diensteten wütend an.

Eine elegant gekleidete Dame, die nach
dem Schimpfenden an die Reihe kommt,
meint, ein paar nette Worte an den Ange-
stellten richten zu müssen: „Sie tun mir
schrecklich leid. Was Sie hier so alles ertra-
gen müssen, das ist schon ärgerlich. Der alte
Herr eben hat Sie wie ein Stück Dreck be-
handelt. Ich möchte mich für ihn entschul-
digen."

„Nun regen Sie sich bloß nicht auf, gnädige Frau, Sie wissen doch, bei uns ist der

Kunde immer König. Und im Übrigen weiß ich mich meiner Haut wohl zu wehren. Der alte Herr fliegt nach New York, sein Gepäck aber geht nach Tokio." Verschmitzt schaute er dabei dem Nörgler und Querulanten nach.

Diese kleine, lustige Geschichte hat mich schmunzeln lassen. Zugleich aber hat sie mir eine Wahrheit entschlüsselt. Es gibt viele Möglichkeiten, seinem Ärger Luft zu machen, und wir sind erfinderisch, wenn es gilt, Rache zu üben. Ich kenne Tage und vor allen Dingen auch Nächte, wo mich nur ein Gedanke beherrscht: Wie kann ich dem andern meinen Unmut heimzahlen? Mein Herz ist sehr tückisch in dieser Beziehung, und ich weiß mich zu wehren. In meinen Methoden bin ich nicht gerade zimperlich. Zum Glück werde ich in meinem Sinnen von Gott ganz schnell wieder in meine Schranken gewiesen, und ich bin froh, dass es nur bei hässlichen Gedanken geblieben ist.

Ein Dackel wirkt Wunder

Bei dieser Geschichte vom Flughafen werde ich an eine Frau im Erzgebirge erinnert. Seit ihrer Kindheit leidet sie an Kinderlähmung. Nur noch drei, vier Schritte kann sie an zwei Krücken gehen. Ihre Wohnung ist behindertengerecht eingerichtet, und mit Hilfe einer Nachbarin, die sie liebevoll betreut, meistert sie das Leben. Aber eines Tages passierte ein Malheur. Ihr Vermieter kündigte ihr die Wohnung und begründete dies mit Eigenbedarf. Seine Töchter seien jetzt im heiratsfähigen Alter und die älteste plane ihre Hochzeit für das kommende Jahr. Wo sollte nun die alte Dame so schnell eine geeignete Wohnung finden? Sie weigerte sich auszuziehen. Der Vermieter aber drängte auf Räumung. Eines Tages spitzte sich die Lage zu. Es kam zum Streit. Ein Wort gab das andere, und bald schon schrien sie sich gegenseitig an. Schließlich waren sie beide so böse aufeinan-der, dass sie nicht mehr miteinander reden wollten.

Nur noch schriftlich oder über den Anwalt wurden die nötigsten Dinge geregelt.

Frau Meier, eine Christin, litt schrecklich unter der frostigen Atmosphäre im Haus, an der sie nicht ganz unschuldig war. Sie sann nach einem Ausweg und begann für ihren Vermieter zu beten und ihn im Namen Jesu zu segnen. Siebenundzwanzig Jahre wohnte sie schon in diesem Haus, und noch nie war es zu einem solch heftigen Streit gekommen. Die beiden Streithähne grüßten sich noch nicht einmal, wenn sie sich zufällig im Flur begegneten.

Eine Tages aber trat eine Wende ein. Der Vermieter hatte sich einen Hund zugelegt, einen niedlichen, kleinen Dackel. Saß die alte Dame auf der Terrasse, dann kam das Tier auf sie zu, schnupperte an ihren Beinen herum, stieß fröhlich jaulende Töne aus und freute sich des Lebens. Frau Meier war glücklich über die Begegnung mit diesem schönen Tier, streichelte Waldi über das Fell und unterhielt sich mit ihm wie mit dem besten Freund. Einmal kaufte sie ihm sogar eine Bratwurst, und aus lauter Freude sprang er auf ihren Schoß. Der Vermieter betrachtete vom Balkon aus die beiden, wie sie einander zugetan waren.

Er war gerührt. Er erkannte, dass es wohl jetzt an der Zeit sei, den Konflikt aus der Welt zu schaffen, denn es war sein Hund, den die alte Dame mit Leckerbissen verwöhnte.

Der 70. Geburtstag von Frau Meier schien ein geeigneter Zeitpunkt zu sein, dem Zwist ein Ende zu bereiten. Er klingelte an ihrer Tür und wollte ihr eine Azalee in die Hand drücken und gratulieren. „Kommen Sie nur herein. Sie müssen mir die Blumen auf den Tisch stellen. Mit meinen Krücken kann ich sie Ihnen nicht abnehmen. Bitte treten Sie nur ein und nehmen Sie in der Küche Platz." Nun saßen sich die beiden „Verfeindeten" gegenüber. Frau Meier freute sich über die wunderschönen Blumen. Sie war bewegt und bot ihrem Vermieter ein Glas Wein an. Zum ersten Mal nach neun Monaten redeten sie wieder miteinander. Ein Dackel ist doch ein wundersames Tier. Als ob er dies wüsste, wedelte er fröhlich mit seinem Schwanz, jaulte, war glücklich und sprang an seiner Wohltäterin hoch, wenn er wieder eine Wurst im Fressnapf fand. Der leidige Schriftverkehr aber hörte schlagartig auf.

Heute ist es so, als ob der Hund nicht nur dem Vermieter gehört, sondern auch Frau

Meier. Ein Teil des Futters für dieses schöne Tier wird nämlich auch von ihr herbeigeschafft. Da sie nur eine ganz geringe Rente hat, kauft sie das Hundefutter von ihrem Zehnten. Das ist der Teil des Geldes, den sie als Opfer für Gott gibt. Einmal fragte sie den Pfarrer, ob sie denn so handeln dürfe. Auf diese Frage aber wusste der Pastor keine Antwort. Schließlich half ihr ein Wort in der Bibel, wo es heißt: „Der Gerechte erbarmt sich seines Viehs" (Sprüche 12,10).

So lässt sie jedesmal vom Metzger Fleischknochen und abgepacktes Hundefutter mitbringen, wenn ihre Freundin für sie die Einkäufe tätigt. „Neulich habe ich sogar Vitamine mitbringen lassen, die den Haarausfall stoppen sollen. Sie haben wunderbar gewirkt. Schauen Sie nur, Frau Bormuth, wie weich und glänzend das Fell des Tiers ist", erzählte sie mir, „und zwei Dosen Schappi habe ich immer als Vorrat in meiner Speisekammer. Ja, ich bete auch für Ondra, so heißt nämlich der Dackel, aber ich weiß nicht, ob dieses Gebet recht ist: ‚Lieber Gott, ich liebe die Menschen nicht, aber ich liebe den Dackel.' Mein Herr möge mir dies verzeihen. Ondra ist mir in vielen einsamen

Stunden des Tages wie ein Freund. Schade, dass er diesen seltsamen Namen hat. Er gefällt mir gar nicht. So nenne ich den Hund mit ungefähr zwanzig anderen Namen wie süße Maus, Schätzchen, Liebling und Mäxchen. Damit der Dackel auch mal zu mir ins Zimmer kommen kann, habe ich heimlich ein Brett vom Fenster in den Garten gestellt. Jetzt springt mein lieber, kleiner Wuschelfritz bis zu mir aufs Sofa. Es war Liebe auf den ersten Blick, die mich mit diesem wunderbaren Tier verbindet. Ich denke, mein Hauswirt wird mir diese Freude nicht verwehren, wenn er hinter mein Geheimnis kommen sollte und den Laufsteg mal entdeckt."

Eine kleine Geschichte
zum Schmunzeln

Herzlich war ich von den Pfarrersleuten aufgenommen worden. Sie versuchten mich zu verwöhnen, wo es nur ging. Abends saßen wir noch ein Weilchen zusammen, und die Pfarrfrau ließ es sich nicht nehmen, Saft, Pralinen, Obst und Salzgebäck aufzutischen. Auch beim Mittagessen wollte sie mir immer das größte Stück Fleisch auf den Teller legen, und beim Nachtisch fiel meine Portion immer reichlicher aus als die der Kinder. So musste ich oft abwehren und „Nein, danke!" sagen. Sie meinte es wirklich zu gut mit mir!

Bei der Übernachtung hatte sie Bedenken, ob ich denn auf der Couch auch gut schlafen könnte und mich nicht vom Lärm der vorüberfahrenden Laster stören ließe. Das Pfarrhaus stand nämlich direkt an einer viel befahrenen Bundesstraße. Ich konnte ihr versichern: „Alles ist bestens, ich schlafe wie ein Murmeltier. Wenn man wie ich manchmal in der Woche in vier oder fünf verschiedenen Betten schläft, gewöhnt man sich an harte oder weiche Matratzen, an lange oder kurze Betten, an lauten Verkehr oder an die Stille der Gegend. Mich stört noch nicht einmal das laute Schlagen der Kirchenuhr. Ich bin mit dem Quartier hier bestens zufrieden. Was mich in Schrecken versetzen könnte, wäre eine Maus, aber die habe ich bei Ihnen hier nicht gefunden."

Nun wollte der Pfarrer lobend erwähnen, wie anspruchslos und bescheiden ich sei, und verkündigte vor versammelter Gemeinde: „Frau Bormuth kann tüchtig essen und gut schlafen!" Natürlich folgte ein schallendes Lachen. Im Stillen hoffte ich aber, meine Zuhörerinnen würden diesen Satz recht einzuordnen wissen, denn ich war doch zum Arbeiten gekommen und nicht nur um gut zu essen und zu schlafen.

Aber vielleicht war es gar nicht so verkehrt, dies zu erwähnen, denn in meinen Ohren klang ein Satz des Apostels Paulus auf. So schreibt er an die Philipper: „So nehmt ihn (Timotheus) nun auf in dem Herrn mit allen Freuden und haltet solche Leute in Ehren." Und an einer andern Stelle der Bibel im fünften Buch Mose Kapitel 25 heißt es:

„Man soll dem Ochsen, der da drischt, nicht das Maul verbinden."

Wie viel wunderbare Gastfreundschaft darf ich auf meinen Reisen genießen und weiß sie hoch einzuschätzen. Da liegt manchmal ein Stück Schokolade auf dem Kissen. In der Schweiz hat eine ältere Dame mir ihr Schlafzimmer zur Verfügung gestellt, und sie schlief auf einem Gästebett in einer Kammer. Noch nie habe ich in einem solch vornehmen Zimmer geschlafen. Die Wände waren mit Tapeten aus Seide ausgestattet. In Zschorlau nächtigte ich bei einer Christin, die mir ihr Duschgel und sogar ihr Parfüm bereitstellte, das sie selbst von Freunden gerade erst noch vor der Wende geschenkt bekommen hatte. Sogar eine Wärmflasche fand ich unter den Kissen, und Hausschuhe standen unter dem Bett für mich bereitgestellt. In Frankfurt haben die Kinder meiner Gastfamilie mir ein Bild gemalt und es auf die Daunendecke gelegt, und in Meran waren meine Koffer bleischwer, denn sie waren mit herrlich roten Äpfeln gefüllt, als ich die Heimreise antrat. In Hameln hat mir ein Prediger die Schuhe geputzt – sie waren total mit Lehm beschmutzt, sodass ich mich geschämt habe, mit solch dreckigen Stiefeln das Haus zu betreten. Ich will hier abbrechen, die vielen Wohltaten aufzuzählen. Seite um Seite könnte ich füllen.

Ich staune immer wieder, mit wie viel Herzlichkeit und Liebe die Menschen mich auf meinen Reisen aufnehmen. So wünsche ich mir nur, dass der tiefe Schlaf und der gute Appetit mir noch lange erhalten bleiben und ich Kraft verspüre, damit ich das Evangelium ausbreiten kann. Eine Selbstverständlichkeit sind mir solche Liebesbeweise aber nicht. So kann ich nur dankbaren Herzens all der Menschen gedenken, in deren Häusern ich so herzlich aufgenommen wurde. Gott selber möge ihr Vergelter sein. Ich wünsche mir nur, dass viele meiner Wohltäter diese Zeilen lesen können.

Hätte ich bloß nicht ...

Ein junger Schreinermeister klingelt an unserer Haustür und will mit mir reden. „Ich bin fertig, total fertig. Mein Vater ist gestorben, ganz plötzlich gestorben. Keiner hat mit seinem Tod gerechnet. Er hat ja noch seinen Hof bewirtschaftet und war gerade erst 58 Jahre alt. Das ist noch kein Alter zum Sterben, wo doch die Menschen heute 85 und 90 Jahre werden. Morgens fuhr er mit seinem Auto zu seinem Bruder, und plötzlich bog er in eine Nebenstraße ein und blieb vor einem Geschäftshaushalt stehen. Eine junge Lehrerin sah ihn, wie er über dem Steuerrad hing, und sie benachrichtigte den Notarzt. Er war ohnmächtig und muss einen Zuckerschock erlitten haben. Mit Blaulicht wurde er noch in die Klinik gebracht. Ich wurde sofort von seinem kritischen Zustand verständigt und fuhr zu ihm. Er lag im Koma. Ich traf ihn noch lebend an, aber aus seiner Bewusstlosigkeit ist er nicht mehr erwacht. Zwei Stunden später war er tot.

Wie mir zumute ist, das kann ich Ihnen

gar nicht beschreiben. Ich fühle mich todunglücklich. Seit einem Dreivierteljahr haben wir kein einziges Wort mehr miteinander geredet, und jetzt ist er tot. Zwischen uns hatte es eine heftige Auseinandersetzung gegeben. Ich brauchte für meine Schreinerei mehr Platz. Meine Firma erlebte einen Boom, um den mich Geschäftsfreunde beneiden würden. In unserm Dorf und auch in den Nachbarorten wurde viel gebaut, und ich durfte Fenster und Türen und Küchen liefern. Ich kam mit der Arbeit fast nicht nach.

So bat ich meinen Vater, ob er mir nicht ein Stück des Gemüse- und Obstgartens verkaufen könne. Ich wollte den Grundbesitz nicht geschenkt haben, sondern ihn zu einem annehmbaren Preis erwerben. Aber Vater versagte mir meine Bitte. „Nein, Olaf, das geht nicht. Ich muss auch an Katja denken. Ihr will ich an unser Haus ein Eigenheim anbauen, und dafür brauche ich das Grundstück. Seit sie durch den Unfall querschnittsgelähmt ist, braucht sie eine behindertengerecht gebaute Wohnung, damit sie mit ihrem Rollstuhl überall hinfahren kann. Wenn wir nicht mehr leben, braucht sie eine Bleibe."

Ich schlug Vater vor, für meine Schwester ein anderes Grundstück zu kaufen. Hinter dem Friedhof würden gerade einige Äcker als Bauland ausgewiesen. Aber Vater ließ sich auf keine Diskussion ein. Er hielt an seinem Plan fest. Darüber gerieten wir in Streit. Ein Wort gab das andere, und schließlich brach mein Jähzorn durch. Ich erhob meine Hand gegen meinen Vater. Es kam zu einer regelrechten Schlägerei, sodass Nachbarn die Polizei alarmierten, die uns Streithähne beschwichtigte.

Seit diesem Vorfall habe ich kein einziges Wort mehr mit meinem Vater gewechselt. Und nun ist Vater tot. Wie soll ich jetzt an seinem Grab stehen, wo doch das ganze Dorf weiß, dass ich meinen Vater geschlagen habe. Wie stehe ich da in den Augen der Bevölkerung? Schämen muss ich mich, schrecklich schämen. Wegen eines lumpigen Gartens habe ich meinen Vater geschlagen. Ich weiß nicht aus noch ein. O Gott, wie soll ich da weiterleben?"

Lange schwiegen wir beide. Wegen eines Grundstücks haben sich Vater und Sohn überworfen. Ein unbedachtes Wort, ein heftiger Faustschlag ins Gesicht, ein störrisches

Verhalten haben eine liebende Verbindung zunichtegemacht. Ärger, Wut, Zorn, Unversöhnlichkeit richten Mauern auf, manchmal menschlich unüberwindbare Mauern. Wüssten wir nicht um Christi lösendes, befreiendes Wort, wir müssten in unserm Jammer zugrunde gehen.

So darf ich diesem jungen Schreinermeister ein Wort von Gott im Namen Christi zusprechen: „Wohl dem, dem die Übertretungen vergeben sind, dem die Sünde bedeckt ist." Da können wir wieder heil und von der Gewissenslast befreit werden, wenn wir Gottes großes Vergeben annehmen. Wir beugen uns vor unserm Herrn und bitten ihn um Verzeihung. Das ist der einzige Weg, wie uns Schuld verziehen werden kann.

Mich aber bewegt noch lange nach diesem Gespräch und gemeinsamem Gebet ein Lied, das Aidlinger Diakonissen gedichtet haben:

Gnade, die Gott uns zugewandt,
die unsere Schuld und Sünde bedeckt,
strömet von Golgatha weit ins Land,
dort hat dein Heiland den Tod geschmeckt.

Gnade, Gnade, Gnade
vergibt dir und reinigt dich.
Gottes Gnade bringt die Errettung
für dich und mich.

Hoffnungslos, trostlos und arm bist du,
einsam von kalten Wogen umtost.
Hier ist die Hilfe, so greif doch zu!
Jesus gibt Zuflucht, gibt echten Trost.

Flecken der Sünde, tief eingebrannt,
was wäscht sie weg, vertilgt diese Spur?
Sieh, Jesu Blut wird dir heut genannt,
hier ist die Rettung, die Hilfe nur.

Jesus, er starb doch an deiner Statt,
darum kann Gott auch dir verzeihn,
nichts anderes macht deine Seele satt!
Willst du nicht heute begnadigt sein?

Nicht schimpfen, nur freuen!

Von Jens will ich erzählen. Seine Geschichte hörte ich von seinem Vater, und sie hat mich tief beeindruckt. Jens wohnt in einem Haus, das von einem herrlichen Garten umgeben ist. Wie gerne spielt der kleine Kerl in seinem Sandkasten oder mit dem Ball auf dem grünen Rasen. Stürmer will er später in einer Fußballmannschaft werden wie Lothar Matthäus. Der Garten mit seinen Büschen und Bäumen ist ein wunderschönes Paradies für den Jungen und entlastet die Mutter bei der Hausarbeit. Sie weiß draußen ihren Sohn bei frischer Luft und warmer Sonne gut aufgehoben, und drinnen kann sie ungehindert ihrem Tun beim Kochen und Bügeln nachgehen. Der Zaun bietet dem Kind Schutz und Bewahrung.

Nur einmal war das Torschloss kaputt, sodass die Gartentür nicht verriegelt werden konnte. An einem Donnerstag nutzte Jens diesen Missstand aus und nahm Reißaus. Als die Mutter nach ihrem Sohn rief, war er nirgends aufzufinden. Soeben hatte er noch den

Löwenzahn mit seinem roten Gießkännchen begossen, und nun war er plötzlich wie vom Erdboden verschwunden. Hatte sich Jens vielleicht in der Hecke versteckt oder saß er hinter der Regentonne? „Jens, wo bist du? Jens, melde dich! Jens, komm endlich raus aus dem Versteck!" Aber ihr Rufen verhallte im Leeren.

Die Mutter machte sich auf den Weg und suchte ihren Sohn bei den Nachbarn. Irgendwo musste doch der Bengel stecken. Der Vater hörte das Rufen seiner Frau, wähnte aber noch nichts Böses. So blieb er weiter hinter seinem Schreibtisch sitzen. Schließlich wollte er heute noch die Sonntagspredigt fertigstellen. Als aber sein Sohn nach einer halben Stunde noch immer nicht gefunden war, packte auch ihn die Unruhe. Er durchsuchte erst mal das Haus vom Keller bis zum Boden und stellte alles auf den Kopf. Er schaute in den Betten und unter die Betten, Schränke und Truhen. Er öffnete das Garagentor und blickte hinter die Hobelbank. Wo war bloß der kleine Kerl? Nachbarn, Freunde, Verwandte waren inzwischen alarmiert und beteiligten sich an der Suchaktion.

Systematisch wurde das Südviertel durchkämmt. So weit konnte doch der kleine Kerl mit seinen kurzen Beinen gar nicht gelaufen sein. Böse Ahnungen kamen auf, und es ist fast nicht zu glauben, wie viele Schauergeschichten von vermissten Kindern plötzlich aus der Erinnerung auftauchten. Anderthalb Stunden waren schon vergangen, und das ist schrecklich viel Zeit, wenn es um ein verschwundenes Kind geht. Die Angst der Eltern wuchs von Minute zu Minute, ja, sie steigerte sich bis ins Unerträgliche. Eine Entführung konnte doch wohl nicht in Frage kommen, denn schließlich ist der Vater Prediger des Evangeliums und kein Millionär. Wo war Jens?

In seiner Ausweglosigkeit schaltete der Vater die Polizei ein. Die Situation war ihm etwas peinlich, dass ausgerechnet der Pastor einer großen Gemeinde seinen Sohn vermisste. Hatte er die Aufsichtspflicht vernachlässigt? In nur wenigen Minuten fuhren gleich drei Streifenwagen mit Blaulicht und Sirene vors Haus. Die Eltern mussten eine Beschreibung ihres Sohnes geben und die Beamten informieren. Welche Haarfarbe hat das Kind, wie groß ist es, welche Kleidung trägt es und wie heißen seine Freunde. Fotos wurden an die Polizisten verteilt. Der Vater setzte sich in einen der Streifenwagen.

Mit einem Megaphon wurden die Straßen abgefahren, und immer wieder ertönte es durch den Lautsprecher: „Wer hat Jens Schmidt gesehen? Der Junge ist drei Jahre alt und ist mit einem roten Anorak und weißer Mütze bekleidet. Er trägt braune halbhohe Sportschuhe und blaue Jeans." Aber das Kind blieb verschwunden. Schließlich bogen die Ordnungshüter Richtung Lahnufer ab. Irgendwo müsste der Ausreißer doch zu finden sein. Über drei Stunden waren schon vergangen. Die Angst der Eltern steigerte sich, ja, sie uferte regelrecht aus. Ist das Kind vielleicht in den Fluss gestürzt und ist ertrunken? Dieser Gedanke versetzte die Suchenden in Panik.

Plötzlich entdeckte der Vater in der Ferne eine weiße Mütze. Jetzt kam auch der rote Anorak ins Blickfeld. Auf dem Radweg trottete Jens an der Hand von zwei Buben, die auch nicht viel älter als der Außreißer waren, die Lahn entlang. Sie hüpften und sprangen, so als sei das Leben eine Lust. Ein Stein, ein riesengroßer Stein fiel dem Vater vom Herzen. Er atmete tief durch. Zugleich aber stieg auch Wut in ihm auf, denn wie konnte ihm sein Sohn so viel Angst mit seinem Verschwinden einjagen? Der Polizist nahm den Ärger in dem Gesicht wahr. Freundlich klopfte er dem Vater auf die Schulter: „Nicht schimpfen, nur freuen!" Fest drückte der Vater seinen Jungen in die Arme. Freudentränen liefen ihm über die Wangen. Wo sich aber der kleine Ausreißer herumgetrieben hatte, das behielt er als sein großes Geheimnis im Herzen.

Für Jens aber erfüllte sich noch ein großer Traum. Er durfte mit seinen Kameraden ins Polizeiauto einsteigen. Erhobenen Hauptes setzte er sich neben seinen Vater. „Fährst du mich jetzt mit Blaulicht und Sirene nach Hause?", fragte er den Polizisten. Jens war sich keiner Schuld bewusst. Er strahlte, als ihm der Mann in Uniform zunickte: „Natürlich mit Blaulicht und Sirene, und ganz schnell dazu!"

Als der Vater seinen Ausreißer so glücklich neben sich im Arm hielt, musste er denken: „Nicht schimpfen, nur freuen, nur freuen, nur freuen!" Große Dankbarkeit erfüllte ihn.

Mir fiel bei dieser wahren Geschichte ein Wort aus dem Propheten Jesaja ein: „Gott spricht: Ich werde gesucht von denen, die nicht nach mir fragten; ich werde gefunden von denen, die mich nicht suchten; und zu den Heiden, die meinen Namen nicht anriefen, sage ich: Hier bin ich, hier bin ich" (Jesaja 65,1).

Handeln wir Menschen nicht auch so wie hier der kleine Jens? Wie oft verlassen auch wir unsern Vater, unsern himmlischen Vater, suchen das Weite, gehen in die Irre und merken noch nicht einmal, welcher Gefahr wir uns dadurch aussetzen. Vielleicht verwundern wir uns sogar, wenn wir hören, dass sich Gott auf die Suche nach uns aufmacht. Sein Ruf dringt in unsere Welt: „Mensch, wo bist du?" Bis heute ist dieser Schrei nach uns nicht verstummt. Gott nennt unsere Namen und wird nicht müde, uns auf die Spur zu kommen. Er ruft, er sucht, er leidet um uns, wenn er sieht, dass wir auf Abwege geraten sind. Er erkennt die Gefahren, in die wir stürzen, und will uns vor dem Verderben bewahren. Seine Rettungsaktion ist gewaltig. Propheten wie hier Jesaja wurden berufen und mit der Botschaft betraut: „Du Mensch, lass dich mit Gott versöhnen."

Am deutlichsten aber hat Gott durch seinen Sohn Jesus Christus geredet: „Also hat Gott die Welt geliebt, dass er seinen eingeborenen Sohn gab, auf dass alle, die an ihn glauben, nicht verloren werden, sondern das ewige Leben haben." So steht es im Evangelium. Jesus wurde als Kind in der Krippe geboren, erlitt am Kreuz einen schrecklichen Tod und erlebte seine Auferstehung am Ostermorgen. Seit Karfreitag und Ostern brauchen wir Gottes Zorn nicht mehr zu fürchten, sondern wissen um die Aussöhnung mit Gott, die uns Jesus erworben hat. Gott geht uns nach auf unsern verderblichen Wegen, sucht uns, bis wir ihm in den Armen liegen und Vater zu ihm sagen. Wir sind ihm sehr wertvoll. Und wenn er uns gefunden hat, hält er uns unsere Schuld nicht vor, sondern ist zum Verzeihen bereit. Wie hat der Polizist zum Vater gesagt, als der kleine Jens auf dem Fahrradweg aufkreuzte: „Nicht schimpfen, nur freuen!"

Im Lukasevangelium finden wir eine Beispielgeschichte, die uns Jesus selber erzählt hat. Da hat sich ein Sohn von seinem Vater das Erbe auszahlen lassen und sich dann davongemacht in die Fremde. Als er alles verprasst hatte, landete er am Schweinetrog. Aber das Bild des Vaters tauchte immer wieder in ihm auf, als er ihm traurig nachgesehen hat, wie er vom Vaterhaus davonlief. Ihm wird in seinem Elend das Geschenk der göttlichen Traurigkeit zuteil, denn das alte, verpfuschte Leben ekelt ihn an. Er sieht noch die liebenden Augen des Vaters vor sich, und dabei bewegt ihn nur ein Gedanke: Was sage ich bloß meinem Vater? Ja, was sage ich ihm?

Je näher er dem Vaterhaus kommt, desto schneller werden seine Schritte. In der Ferne des Horizonts erkennt er schon den Giebel des Hauses. Von tiefer Sehnsucht erfüllt, schaut er nur in die eine Richtung. Und während ihn seine Füße immer schneller tragen, sieht er, wie der Vater ihm schon entgegenkommt. Er hat auf seinen Sohn gewartet. Und nun ist dieser einzigartige Augenblick wahr geworden: Der Sohn kehrt heim. Weit streckt der Vater ihm seine Hände entgegen, fällt seinem Sohn um den Hals, küsst ihn und drückt ihn innerlich bewegt an seine Brust. Freudentränen laufen dem Vater über die Wangen, und der Sohn kann nur stammeln: „Vater, ich habe gesündigt, gegen den Himmel und vor dir; ich bin hinfort nicht wert, dass ich dein Sohn heiße."

Und nun zieht ihm der Vater Festkleider an, bereitet ihm eine rauschende Party, lässt Lammbraten und köstliche Weine auftragen, und in all seinen Hantierungen spürt man dem Vater die Freude ab: Mein Sohn war verloren, aber er ist wieder gefunden worden. Ich halte ihn in meinen Armen. Der Vater fragt ihn nicht nach seinem Luderleben, er erinnert ihn nicht an das vergeudete Vermögen. Die schuldvolle Vergangenheit ist dem Sohn verziehen. Wie hat der Polizist gesagt? „Nicht schimpfen, nur freuen!" Bei Jesus Christus ist dies wahr geworden.

Ein Brief zum Schulanfang

Liebe Martina, lieber Christian,

in diesem Monat steht euch ein großer Tag bevor: Euer Johannes wird eingeschult. Ich freue mich mit euch und bete für euren Sohn, dass Gott seine gute Hand weiter über euern Jungen halten möge.

Ich denke gerne an die Geburt eures Buben zurück. Ihr habt lange warten müssen, bis euch euer sehnlichster Wunsch nach einem Kind erfüllt wurde. Aber dann wart ihr glücklich, als ihr Johannes in Händen hieltet. Seinen Namen habt ihr mit Bedacht ausgesucht, um deutlich zu machen: Der Herr ist uns wirklich gnädig.

Johannes ist auch euer einziges Kind geblieben. Das macht eure Sorge um ihn noch verständlicher. Martina, du hast bei deinem letzten Anruf aus deinen Ängsten keinen Hehl gemacht. Dir sei zumute, als würde dir nun das Liebste aus deiner Obhut entrissen. Er wird nun andern Einflüssen ausgesetzt sein, und sicher nicht nur guten. Du fürchtest, es könnte das zerstört werden, was du an Liebe, Gottvertrauen und Glauben ins Leben deines Sohnes hineingelegt hast.

Ich weiß, dass ihr schon vor der Geburt für euer Kind gebetet habt. Euer Junge ist in Gottes Hand. Er wird auch weiter für ihn sorgen.

Als ich euch das letzte Mal besuchte, hocktest du auf dem Teppich im Kinderzimmer und erzähltest deinem kleinen Liebling biblische Geschichten. Es war deinem Sprössling gar nicht recht, dass ich euch mit meinem Besuch in die Quere kam. „Mama, erzähl weiter", hörte ich ihn rufen. Und mit diesen Geschichten hast du einen guten, festen Grund für seine Zukunft geschaffen. Sie haben sich ihm sicher tief eingeprägt.

Im vergangenen Jahr verbrachte Johannes einmal ein Wochenende bei uns. Als er nach dem Spiel hereinkam, setzte ich ihn in die Badewanne und ging zwischendurch in die Küche, um das Abendbrot zu richten. Da hörte ich, wie er mit den Wellen kämpfte: „Der Sturm bricht los", versetzte er sich in die Rolle der Jünger. „Der Wind heult und zerrt an den Segeln. Die Wogen steigen immer höher. Wir haben Angst. Herr, hilf uns!" Dabei platschte das Wasser über den

Wannenrand. Ich hatte den Eindruck, als wolle er unser Bad in den See Genezareth verwandeln.

Dann wurde es plötzlich still und ich hörte ihn befreit aufatmen: „Jesus ist da. Hab keine Angst! Er ruft: ‚Wind, schweig still!'" Mich haben die Worte des Kindes sehr ermutigt.

Nehmt diesen Ausspruch eures Sohnes als Zusage Gottes auch für seinen neuen Lebensabschnitt. Ihr gebt Johannes ein Stück weit in fremde Hände. Vieles wird auf ihn einstürmen. Aber im Grunde legt ihr ihn in Gottes starke Hand. Er wird ihn auch als ABC-Schütze leiten und bewahren. Er weiß um eure Sorgen und Kümmernisse, aber seine Nähe gibt euch Trost und Hoffnung.

Als meine Kinder in dem Alter waren, dass sie zur Schule gingen, habe ich es immer so gehalten: Bevor sie mit ihrem Ranzen das Haus verließen, habe ich ihnen die Hand aufs Köpfchen gelegt und gesprochen: „Der Herr Jesus segne dich und behüte dich! Er lasse sein Angesicht über dir leuchten und sei dir gnädig!"

Als ich zur Geburt unseres fünften Kindes in die Klinik musste, kam meine Mutter zu uns ins Haus, um mich zu vertreten. Sie wunderte sich, warum unser Johannes noch so lange herumdruckste, obwohl es schon reichlich spät war. Draußen riefen seine Freunde: „Nun beeil dich doch! Es wird höchste Zeit! Der Lehrer wird uns schimpfen."

Auch meine Mutter reagierte recht ungeduldig: „Hier, nimm deinen Ranzen und lauf los!", drängte sie. „Oma, erst beten, dann gehe ich!", und dabei nahm er die Hand seiner Großmutter und legte sie auf sein Köpfchen.

Wir können nichts Besseres für unsere Kinder tun, als für sie zu beten und sie im Namen Jesu zu segnen.

Herzliche Grüße eure Lotte.

Ich habe Heimweh nach meinem Vater

Eine lange Fahrt von Marburg nach Hof lag vor mir. In Würzburg stieg ein kleiner Junge in mein Abteil. Zwölf Jahre mag er ungefähr gewesen sein. Etwas unruhig lief er im Gang hin und her, schaute ängstlich nach rechts und links, bis er nach einer geraumen Weile seinen Platz einnahm. Kurz darauf schlief er fest ein. Kurz vor Hof kam noch einmal die Schaffnerin: „Fahrscheine, bitte!" Der schlafende Fahrgast rührte sich nicht. Noch einmal wiederholte die Schaffnerin ihren Spruch: „Fahrscheine, bitte!" Als das Kind wieder nicht reagierte, fasste sie es am Arm und schüttelte es. „Deinen Fahrschein möchte ich sehen!"

Jetzt wachte er auf. Mit großen Augen sah der kleine Kerl die Schaffnerin an. Ganz kleinlaut kam es ihm über die Lippen: „Ich habe doch gar keine Fahrkarte." „Wo bist du eingestiegen? Ich schreibe dir einen Fahrschein aus. In Würzburg?" Der Schüler nickte. „20 Euro musst du bezahlen." „Aber ich habe doch kein Geld." Recht bekümmert klangen seine Worte. „Wie, du hast keine Fahrkarte und hast kein Geld und sitzt hier im Zug! Das wird deinen Vater teuer zu stehen kommen. Pack deine Sachen und komm mit ins Dienstabteil. Eine saftige Strafe wird dich als Schwarzfahrer treffen. Warum bist du überhaupt eingestiegen, wenn du keine Fahrkarte hast?"

„Ich hatte doch solches Heimweh nach meinem Vater. Ich musste unbedingt zu meinem Vater fahren."

Diese Antwort des Jungen rührte mein Herz. Der Schüler tat mir leid. Ich wandte mich an die Bahnbedienstete: „Bitte, schreiben Sie dem kleinen Kerl einen Fahrschein aus, ich bezahle ihn."

Da ging ein Strahlen über das Gesicht des Buben. Er warf seinen Rucksack wieder ins Gepäcknetz und ließ sich in die roten Polster fallen. Noch einmal war er glimpflich davongekommen. Mich aber bewegte noch lange dieser Satz: „Ich hatte solches Heimweh nach meinem Vater. Ich musste unbedingt wieder zu meinem Vater fahren."

Auf einem Felsen stehen

Es gibt Tage, die gefallen mir überhaupt nicht. Neulich war so ein Tag. Ich fühlte mich schwach und elend. Jede Arbeit stand wie ein Berg vor mir. Dabei bin ich von Natur nicht arbeitsscheu. Ein Rheumaschub machte mir zu schaffen, und besonders meine Hüften schmerzten. Dreihundert Meter konnte ich noch gehen, und das ist nicht gerade viel. Angst erfasste mich. Ich schaute auf meinen Terminkalender und wurde blass. Wie sollte ich nur mit diesen Beschwerden bis in die Schweiz gelangen, wo ich als Rednerin zu einem Frauenfrühstück geladen war? Viermal müsste ich auf der Fahrt dorthin umsteigen. Würde mir dies gelingen? Mein Auftrag schien mir zu schwierig. Ich fühlte mich leer und ausgebrannt.

Um nicht der Wehleidigkeit zu verfallen, holte ich mir meine Bibel hervor und las an der Stelle weiter, wo ich gestern aufgehört hatte. Über den Textabschnitt aus 2. Mose 32 war ich total überrascht. An einem Vers blieb ich hängen: „Es ist noch

Raum bei mir, da sollst du auf dem Felsen stehen, spricht Gott." Dieser Vers brachte in mein trostloses Dasein Leben, wirkliches Leben. Die Verzagtheit wich und ich musste mir sagen: „Lotte, was bist du töricht. Du sorgst dich um eine Reise, die erst in vier Wochen stattfindet. Vertrau auf Gott, er wird dir helfen. Er will auch deine Füße auf einen Fels stellen und dir weiten Raum geben, viel Raum, geschützten Raum." Im Gebet dankte ich meinem Herrn für diese geschenkte Weite. Freude erfüllte mein Innerstes, und die Angst war einem starken Vertrauen gewichen. Neu wurde ich meines Auftrags bewusst, Botin meines Herrn zu sein. Letztlich trägt er die Verantwortung für meinen Dienstauftrag. Warum sollte mir da bange sein?

Ich hatte Auftrieb erhalten und begab mich an meinen Schreibtisch. In jedem Brief, den ich schrieb, grüßte ich mit diesem wunderbaren Vers aus 2. Mose.

Zwei Tage später erhielt ich von einer Freundin ein kleines Päckchen. Es enthielt unter andern netten Kleinigkeiten auch einen Packen Spruchkarten. Sie alle hatten das Mosewort zum Inhalt. Außerdem lagen noch 50 Euro in einem Kuvert mit der Aufschrift: „Da, wo am nötigsten."

Das ist die Art, wie Jesus seine mutlosen, verzagten Leute beglückt, musste ich denken. Sogleich wurde ich wieder an die beiden Jünger auf dem Weg nach Emmaus erinnert. Auch sie erfahren Jesu Liebe. Voller Herzlichkeit führt er sie an das größte Ereignis in dieser Welt heran: seine Erlösungstat am Kreuz und seine Auferstehung. „Musste nicht Christus leiden und zu seiner Herrlichkeit eingehen?", fragt er sie. Und als die Jünger an ihrem Ziel angelangt sind und Jesus weitergehen will, bitten sie ihn: „Herr, bleibe bei uns, denn es will Abend werden und der Tag hat sich geneigt."

Das ist es, was wir Menschen brauchen, wenn es in unserem Leben Abend werden will und sich unsere Tage neigen. Wie viel Ängste und Herausforderungen stürmen auf uns ein, aber auch wir dürfen bitten: „Herr, bleibe bei uns."

An der Art, wie Jesus die Jünger dann in der Herberge zu Tisch lädt, ihnen das Brot bricht und seinem Vater im Himmel dafür dankt, erkennen die Jünger: „Es ist der Herr!" Ihr Herz wird weit vor lauter Glück.

Auch wir begreifen Jesus immer zuerst an seiner Liebe und Freundlichkeit. Solch einem Herrn dürfen wir gehören und ihm auch dienen. Welch ein Vorrecht!

Vier Erzgebirgler

„Hätten Sie eine Übernachtungsmöglichkeit für uns? Wir sind vier Monteure aus dem Erzgebirge und arbeiten hier in Marburg-Cappel am Klärwerk. Wir bleiben auch nur fünf Nächte. In der Stadt ist wegen des Ärztekongresses keine Bleibe zu finden. Das Tourismusbüro gab uns Ihre Telefonnummer."

Ich war etwas überrascht, überlegte kurz und sagte ihnen: „Ja, kommen Sie nur, ich werde für Schlafgelegenheit sorgen. Es darf doch sicher auch eine Couch sein? Soll ich Ihnen auch Frühstück richten?"

„O, das wäre nett. So gegen 19 Uhr sind wir bei Ihnen. Stimmt die Adresse: Marburg-Cappel, Sperberweg 8?"

Mein Mann half mir, holte ein Bett vom Boden herunter, und ich bezog die Kissen. Meine Erwartung, wer denn als Gast in unser Haus kommen würde, steigerte sich, ja ich wurde richtig neugierig. Pünktlich wie die Maurer standen vier breitschultrige, kräftige Männer in unserer Tür. Sie überragten mich weit um Haupteslänge. Sofort zogen sie ihre Arbeitsstiefel aus, stiegen unter die Dusche, und dann setzten wir uns noch zusammen. Die vier Monteure waren morgens schon um vier Uhr in Aue im Erzgebirge aufgebrochen, um hier in Cappel die großen Tanks im Klärwerk zu schweißen. Ein wahrlich langer Tag mit harter Arbeit lag hinter ihnen. Sie fragten noch, ob sie sich denn bei uns auch etwas kochen könnten, denn das würde ihnen zu teuer, jeden Abend ins Restaurant zum Essen zu gehen. Ich zeigte ihnen meine Küche, sagte, wo sie Töpfe, Schüsseln, Besteck und Teller finden könnten und erklärte ihnen meinen Kochherd und die Mikrowelle. Aus ihrem Auto holten sie sogleich ihre Lebensmittel, verstauten sie im Kühlschrank und luden noch einen Kasten Bier aus. Dann sanken sie todmüde in ihre Betten.

Am nächsten Morgen standen wir schon recht früh auf. Ab sechs Uhr gibt es bei unserem Bäcker frische Brötchen. Ich deckte meinen Gästen einen reichhaltigen Frühstückstisch mit Eiern, Wurst, Käse, Butter, Yoghurt, Marmelade und Honig und kochte Kaffee. Ich setzte mich zu den Männern und bediente sie. Es sollte ihnen an nichts fehlen, denn in der heißen Sommerglut mussten sie schwer schuften. Das freute sie am meisten, dass wir Zeit für sie hatten und uns mit ihnen unterhielten. Diese jungen Männer hätten meine Söhne sein können. „Wissen Sie", erzählten sie uns, „sonst schlafen wir in Pensionen oder Hotels, aber da spricht keiner ein Wort mit uns. Wir kommen und gehen, und alles ist recht steril. Diese familiäre Atmosphäre gefällt uns besser. Schade, dass wir in einer Woche schon mit unserer Arbeit fertig sind."

Sie fragten auch uns nach unserem Beruf, und als ich ihnen sagte, dass ich christliche Bücher schreibe, fragte sofort einer: „Haben Sie auch etwas geschrieben für Menschen, die noch nicht glauben können?" Für die zweite Nacht legte ich dann jedem eine spannende Bettlektüre aufs Kissen. An diesem Abend hörte ich keine Radiomusik. Da wollte doch gerne jeder wissen, was ihre Hauswirtin so aufs Papier bringt.

Die Zeit mit unsern vier Erzgebirglern verging wie im Fluge. Nun war schon der letzte Morgen angebrochen. Mich überkam eine etwas wehmütige Stimmung, denn unsere Pensionsgäste hatten eine so herzliche, abwechslungsreiche und interessante Atmosphäre in unser gerade begonnenes Rentnerdasein gebracht und uns manches Schöne aus ihrem geliebten Erzgebirge erzählt. Noch einmal frühstückten sie, und dann wollten sie aufbrechen.

„Es fällt mir gar nicht leicht, Sie ziehen zu lassen. Sie waren für uns wunderbare Gäste. Soll ich Ihnen noch ein paar Reisebrote für die lange Fahrt richten?" Die Monteure winkten ab. „In 4 bis 5 Stunden sind wir zu Hause bei unseren Familien, wenn alles gut geht."

„Würden Sie mir erlauben, dass ich noch ein Gebet für Sie spreche und Sie unter Gottes Schutz stelle? Ihre Heimreise ist lang und nicht ohne Gefahr."

Etwas erstaunt sahen sie mich an, nickten aber. Ich betete: „Lieber Vater im Himmel, ich danke dir sehr herzlich für die gute Zeit, die wir mit unseren Gästen verbringen konnten. Bewahre sie bitte auf der langen Fahrt über die Autobahn. Segne sie und segne ihre Familien. Erhalte ihnen ihren Arbeitsplatz und lass sie allezeit spüren, dass sie unter deiner Liebe leben und wirken. Amen!"

Es folgte noch ein frohes Händeschütteln und Abwinken. Am Abend erreichte mich ein Anruf aus dem Erzgebirge: „Wir sind gut zu Hause angekommen. Vielen Dank für den angenehmen Aufenthalt. Besonders möchten wir uns noch für Ihr schönes Gebet bedanken. Es ist nämlich noch nie passiert, dass eine Hauswirtin mit uns betet."

Mir wird bei diesen Worten ganz warm ums Herz und neu bewusst, dass wir im Grunde einem andern Menschen nichts Besseres tun können, als ihn Gott anzubefehlen und ihn herzlich anzunehmen.

Aber die Geschichte geht noch weiter. Drei Monate später erreicht mich ein Brief aus Zschorlau:

Sehr geehrter Herr Bormuth!
Sehr geehrte Frau Bormuth!

Es war uns eine große Ehre, von Ihnen beherbergt zu werden. Ich selbst und auch meine Kollegen waren beeindruckt, wie Sie Ihren Glauben in die Tat umsetzen und Nächstenliebe üben. Ich soll Sie von meinem Kollegen (der lange Blonde) grüßen. Zu Weihnachten wird er Ihnen selbst schreiben ...

Im Auftrag der Sonntagsschule hier am Ort soll ich über die Buchhandlung Ihre Kinderbücher bestellen. Es sind insgesamt 31 Kinder im Alter von 5 bis 7 Jahren ...

Mein Arbeitskollege, der mit mir in einem Zimmer geschlafen hat, wünscht sich das Buch „Ich staune über Gottes Führung" – natürlich mit Widmung. Es ist der Kollege, der bis zu seiner Jugend nichts von Gott gehört hat, aber jetzt viele Fragen hat. Ich kam in Marburg gar nicht zum Lesen, weil ich mich viel über Gott und die Welt mit ihm unterhalten habe.

Nun folgen noch weitere Bestellungen. Rufen Sie mich bitte an, denn ich muss Ihnen am Telefon noch einiges erläutern. Bitte schreiben Sie in jedes Buch eine Widmung.

Ansonsten wünsche ich Ihnen für Ihre Arbeit alles erdenklich Gute.

Hochachtungsvoll Lothar B.

Ich besorgte mir die gewünschten 60 Bücher und hatte einen Vormittag lang zu tun, um in jedes Buch einen Spruch mit Widmung für Frau, Schwiegermutter, Mutter, Tante, für die Helfer in der Sonntagsschule usw. zu schreiben.

Ich war glücklich, denn solch ein lieber Brief flattert mir nicht jeden Tag ins Haus.

Aber diese angefangene Geschichte geht noch weiter. Ich bin gerade dabei, mir in unserem Gottesdienstsaal einen Platz zu sichern – es ist Weihnachten und viele Menschen möchten an der Christfeier teilnehmen –, da kommt Frau Männel auf mich zu. „Erlauben Sie, Frau Bormuth, dass ich Ihnen einen Kuss gebe und Sie ganz lieb umarme?" Ich bin etwas verwirrt über diese stürmische Begrüßung, lasse mir aber gerne diesen Kuss auf die Wange drücken. „Sie haben mir eine große Freude gemacht. Einer der Erzgebirgler, der bei Ihnen übernachtet hat, ist nämlich mein Cousin. Sein Vater ist Gemeinschaftsleiter. Er betet intensiv für seine sechs Söhne, dass sie doch auf den Weg des Glaubens finden. Sie können es sich sicher vorstellen, wie glücklich er war, dass sein Sohn gerade in Ihr Haus gekommen ist und so einen neuen Anstoß bekam, über Jesus nachzudenken. Er hat zu Hause erzählt, dass Sie manches Gespräch am Abend mit Ihren Gästen über die Jesusnachfolge geführt und sogar mit ihnen gebetet haben. Außerdem machen in seinem

Dorf Ihre Bücher die Runde. Vielen Dank für Ihr mutiges Christuszeugnis."

Natürlich hat mich diese Nachricht gefreut, und solch einen Kuss lass ich mir gerne gefallen.

Ein überraschendes Geschenk

Mit einer Gruppe Frauen war ich im wunderschön gelegenen Freizeitheim Kottengrün im Vogtland angereist. Ich glaube, es gibt landschaftlich keinen schöneren Ort, wo man Ferien machen könnte. Bis weit nach Bayern kann man seine Augen wandern lassen. Außerdem ist das Haus sehr ruhig gelegen und immer eine Reise wert. Sieht man noch die fürsorgliche Betreuung durch die Heimeltern und das reichhaltige Essen, dann möchte man wohl immer da verweilen. Und doch kamen mir bei meiner Ankunft in diesem Heim Bedenken. Mit uns war noch eine Gruppe junger Männer mit ihren Erziehern aus dem Cäcilienstift Halberstadt angereist. Sie waren schwer behindert. Wie würden meine Teilnehmerinnen die jungen Leute annehmen? Würde es Probleme geben? Im Nachhinein tut es mir leid, dass ich mich mit solch unnützen Gedanken habe beschweren lassen. Ich wurde sogar eines Besseren belehrt, und das hing mit diesen tüchtigen jungen Behinderten und ihren Betreuern zusammen.

Zu unserer Freizeit gehörte Frau Müller. Dieser alten Dame von 85 Jahren ging es gesundheitlich nicht besonders gut. Verdauungsbeschwerden machten ihr zu schaffen. Nun wollten wir ihr helfen, und einige in unserer Gruppe steuerten gute Ratschläge und Mittelchen bei, damit das Magendrücken doch bald behoben werden sollte. So aß Frau Müller Pflaumen, Feigen, Sesam- und Leinsamenkerne und schluckte Tabletten und Tropfen. Die Mittelchen verfehlten ihre Wirkung nicht, aber es war wohl doch des Guten zu viel, und so passierte ein großes Malheur. Hilflos stand die alte Dame im Zimmer und jammerte: „Ach, jetzt ist alles in die Hose gegangen! Wäre ich doch bloß zu Hause geblieben! So eine Schande! Was mache ich bloß?"

„Frau Müller, dieses Dilemma werden wir bald im Griff haben", beruhigte ich sie, stellte sie unter die Dusche und wusch sie ab. Als ich in ihrem Schrank nach sauberer Wäsche und Kleidung suchte, fand ich nichts, was ich ihr hätte anziehen können. Wahrscheinlich hatte sie in ihrem Reisefieber vergessen, einen zweiten Rock, Strümpfe und Unterwäsche zum Wechseln einzupacken. Praktisch und spontan, wie ich nun mal bin, holte ich aus meinem Schrank die nötigen Sachen und zog sie der alten Dame an. Ein Rock mit Gummizug passt immer. Aber Frau Müller lamentierte weiter. „Nein, dass ausgerechnet mir dies passieren muss, jetzt lauf ich noch in Ihren Kleidern herum! Nein, wie peinlich ist mir dies. Was mögen die andern Freizeitteilnehmer von mir denken. Ich bin ja so unglücklich." Inzwischen hatte sich das kleine Missgeschick herumgesprochen, und so wurden auch noch die passenden Hausschuhe herbeigebracht. Ich fand, dass Frau Müller gar nicht schlecht in ihrer neuen Bekleidung aussah, und versuchte sie aufzumuntern.

Das Überraschende aber geschah am nächsten Morgen. Als wir uns an den Frühstückstisch setzen wollten, stand an dem Platz der alten Dame ein wunderschönes Körbchen mit Trauben, Äpfeln, Bananen, Birnen, Pflaumen und Kiwis. Aber das war noch nicht alles. Ein bunter Sommerrock und vier weiße Schlüpfer lagen um den Teller herum. Wir waren beschämt. Diese behinderten jungen Männer hatten Geld gesammelt, um Frau Müller aus ihrer Not zu helfen. Von uns Gesunden war keiner auf den Gedanken gekommen, so hilfreich zu handeln, aber diese jungen Burschen, von denen nur zwei etwas lesen und schreiben konnten, hatten so viel Liebe bewiesen. Welch wunderbare Gemeinschaft verband uns mit den Männern aus dem Stift in Halberstadt. Wir haben noch manch Schönes miteinander unternommen und sogar eine Busreise ins Erzgebirge und ins Vogtland durchgeführt. Mich aber begleitete noch lange das Wort aus 1. Korinther 1,27b: „Was schwach ist vor der Welt, das hat Gott erwählt, dass er zu Schanden mache, was stark ist."

Ein Gläschen zu viel

Eines Morgens erreichte mich ein Telefonanruf. „Kann ich Sie sprechen, Frau Bormuth? Wir sind in eine dumme Sache hineingeraten, und ich weiß nicht, wie wir da wieder herauskommen können. Mein Mann besucht jeden Mittwoch eine alte Frau. Sie ist blind und sehr einsam. Er liest ihr aus guten Büchern vor, manchmal auch aus der Bibel und versucht, ihr ein wenig Licht in die Dunkelheit zu bringen. In der vergangenen Woche ist er erst spät von diesem Besuch nach Hause gekommen, und ich saß schon wie auf heißen Kohlen. ‚Alfred‘, begrüßte ich ihn ungeduldig an der Tür, ‚behalt nur deine Jacke an. Wir müssen sofort zum Metzger fahren. Er hat schon um vier Uhr angerufen, wir möchten heute noch unser Rindfleisch abholen, das er für uns gerichtet hat. Los, beeil dich! Wo hast du die Autoschlüssel? Ich hole schon mal das Wännchen.‘ Mein Mann druckste herum und meinte schließlich: ‚Können wir nicht morgen in die Fleischerei fahren? Ich bin etwas müde.‘

‚Aber Alfred, in einer Dreiviertelstunde sind wir wieder zurück, dann kannst du dich ausruhen. Komm, beeil dich, lass uns losfahren!' Etwas unwillig setzte sich mein Mann hinter das Steuer und gab Gas. Wir hatten vielleicht sieben Kilometer zurückgelegt, da überholte uns ein Polizeiauto. Plötzlich wurden wir herausgewunken und mussten am Straßenrand anhalten. „Führerscheinüberprüfung und Alkoholtest", forderten die Polizisten von meinem Mann. Ich war schon ganz aufgeregt. Noch nie hat mein Mann ins Röhrchen pusten müssen. Mein Schreck nahm noch zu, als die Polizei meinen Mann mit ins Krankenhaus nahm. Eine Blutuntersuchung ergab, dass die Promillegrenze bei Weitem überschritten war. Der Führerschein wurde ihm sofort entzogen.

Was war geschehen? Die alte blinde Dame hatte meinem Mann einen guten Wein angeboten, den sie zu ihrem 85. Geburtstag geschenkt bekommen hatte. Immer, wenn sein Gläschen leer war, hat sie es wieder gefüllt. Und auf diese Weise kam die hohe Promillezahl zustande. Hätte er mir doch bloß etwas davon gesagt, ich hätte den Metzger gebeten, das Fleisch ins Kühlfach zu stellen, und wir hätten es erst am andern Tag abgeholt. So ein Malheur! Der Führerschein ist weg. Wenn sich das in unserem kleinen Dorf herumspricht. Solch eine Schande! Wir sind ‚Stundenleute', gehen regelmäßig in die Kirche und besuchen die Bibelstunde, und nun so eine Bloßstellung und solch ein Makel! Wir sind beide verzweifelt, denn wir sind fromme Leute, und nun solch ein Unglück! Trunkenheit am Steuer!

Frau Bormuth, wüssten Sie einen Ausweg? Sie sind doch eine kluge Frau und schreiben Bücher, könnten Sie für uns etwas in die Wege leiten, damit mein Mann seinen Führerschein wieder zurückbekommt? Könnten Sie mit der Polizei sprechen und ihr sagen, dass mein Mann noch nie betrunken war. Dies war ein einmaliger Ausrutscher. Es wird auch nie wieder vorkommen. O wei, o wei, was haben wir bloß angestellt!"

Bei allem Schweren hat es mich doch gefreut, dass die Frau so treu zu ihrem Mann stand. Sie machte ihm keine Vorwürfe, was hätten sie auch nützen können? Sie stellte sich mit unter seine Schuld. Ich machte ihr auch Mut, diese Spannung durchzuhalten und auch zur Schande zu stehen, wenn irgendjemand im Ort vom Führerscheinentzug erfahren sollte. Martin Luther hat klar gesagt: „Wer sich nicht gescheut hat zu sündigen, soll sich auch nicht scheuen, seine Sünde zu bekennen." Natürlich solle sie dieses Vergehen nicht unter den Dorfbewohnern herumerzählen. Bei der Polizei könnte ich allerdings nichts erreichen. Die Dinge werden ihren Gang nehmen. Doch ich bin sicher, dass ihr Mann in ein paar Monaten seine Fahrerlaubnis wieder erhalten könne. So lange sollte sie sich ans Steuer setzen und alle Wege erledigen. Im Übrigen wäre es gut, wenn wir nun mit Gott reden und ihm danken, dass nichts Schlimmeres passiert ist. Wäre dem Fahrer ein Kind unters Auto gelaufen, dann hätte dies folgenschwer sein können, auch wenn er an dem Unfall nicht schuldig gewesen wäre. Er hätte dafür sogar ins Gefängnis wandern können.

So haben wir es dann auch gehalten und haben übers Telefon mit Gott gesprochen. Inzwischen ist die Zeit verstrichen, und der Führerschein ist dem Manne wieder ausgehändigt worden. Wenn er nun zu der blinden Frau zum Vorlesen kommt, wird er sicher lieber einen Kaffee trinken, als sich Wein einschenken zu lassen.

Wenn die Haarpracht der Schere zum Opfer fällt ...

Heute hatte ich ein Glückserlebnis ganz besonderer Art, und dabei war ich am Morgen ganz missmutig aus dem Bett gestiegen. Spät war ich eingeschlafen, sehr spät sogar: Ich wollte doch zu gerne dabei sein und sehen, wer denn die Million im Fernsehspiel gewinnen würde. So schaute ich mir die Sendung bis zum Schluss an. Es hat mich gefreut, dass ein alter Herr Sieger wurde. Lange habe ich noch an die glückstrahlenden Augen des Ehepaares denken müssen, das sich in den Armen lag. Ein Traum ist ihm in Erfüllung gegangen, und es hat auch gleich aufgezählt, wer in der großen Familie an diesem unverhofften Geldsegen Anteil haben werde. Ich lag noch lange in meinem Bett wach und überlegte, wie sich da die Kinder, Enkel und Urenkel wohl freuen werden.

Eine Million ist unheimlich viel Geld. Dass ich am andern Morgen müde aus dem Bett kroch, hing wohl mit dem langen interessanten Abend zusammen. Etwas mürrisch nahm ich den Zettel in die Hand. Ich hatte ihn am Tag zuvor dorthin gelegt. Er sollte mich daran erinnern, unbedingt Frau Hilgert im Klinikum zu besuchen. Dieser Auftrag passte nicht in mein Konzept. Er stellte mich vor eine schwierige Aufgabe. „Frau Bormuth, könnten Sie eine Nachbarin von uns in der Klinik besuchen?", hatte mich eine Bekannte gebeten. „Sie ist gestern von Heilbronn nach Marburg verlegt worden und hat sonst keinen Menschen, der mal zu ihr gehen könnte.

Frau Hilgerts (Name wurde geändert) Ehe ist vor einem Jahr geschieden worden, und ihr einziger Sohn ist in diesem Sommer mit dem Motorrad tödlich verunglückt. Ich selbst bin alt und kann die weite Strecke nicht mehr bis zu ihr fahren. So bin ich in Sorge, wie Frau Hilgert diese Zeit durchstehen soll. Ich kenne Sie von den Bibeltagen her, die Sie bei uns vor sechs Jahren hielten. Ach bitte, nehmen Sie sich der Frau an. Sie leidet an Schüttellähmung. In Marburg gibt es einen Professor, der mit einer Gehirnoperation diesem schlimmen Leiden ein Ende machen könnte. Bitte, besuchen Sie doch

Frau Hilgert. Sie hat eine Boutique und verdient sich damit ihren Lebensunterhalt. Aber die zitternden Hände haben ihr den Beruf schwer gemacht. Hoffentlich gelingt dieser schwere Eingriff."

Dieser Anruf gefiel mir erst gar nicht, denn ich kannte doch die Kranke nicht. Was sollte ich ihr sagen? Aber dann machte ich mich am Sonntag, gleich nach dem Gottesdienst, auf den Weg ins Klinikum. Solch ein Besuch fällt mir nicht leicht, denn oft sind die Erwartungen größer, als dass ich sie erfüllen könnte. Mit dem Aufzug fuhr ich auf die neurologisch-chirurgische Station und stand vor dem Zimmer 218. Ich atmete noch einmal tief durch, denn ich wusste nicht, was mir bevorstand. Ich klopfte an die Tür. Zwei Betten standen im Raum, aber das rechte war nicht belegt.

Frau Hilgert saß am Tisch. Das Mittagessen wurde gerade serviert.

„Ach, das tut mir aber leid, dass ich Sie gerade beim Mittagsmahl störe. Soll ich draußen auf dem Gang warten, bis Sie in Ruhe gegessen haben?"

„Nein, nein, treten Sie nur näher. Ihr Besuch ist mir schon von meiner Nachbarin angekündigt worden. Schön, dass Sie gekommen sind. Sie müssen wissen, dass ich unter einer ungeheuren Spannung stehe. Da ist mir jede Ablenkung recht."

Ich setzte mich zu der Patientin. Sie ist eine bildhübsche Frau und noch recht jung. Ich war etwas verwundert, denn bisher war ich der Meinung, nur alte Menschen könnten von der Parkinson'schen Krankheit befallen werden. Frau Hilgert aber war erst 46 Jahre, wie sie mir sogleich sagte.

„Morgen soll ich nun operiert werden, und ich könnte eigentlich froh sein, dass ich so schnell diesen Termin bekommen habe, aber mir ist doch sehr bange. Acht Stunden dauert die Kopfoperation, und sie wird nur unter örtlicher Betäubung durchgeführt. Während des Eingriffs muss der Professor mit mir sprechen können. Acht Stunden sind eine schrecklich lange Zeit. Werde ich sie durchstehen? Ich habe solche Angst. Gelingt die Operation nicht, dann müsste ich vielleicht den Rest meines Lebens im Rollstuhl zubringen. Ich vertraue zwar dem Arzt, aber ich bin kein Held. Heute Nacht habe ich fast kein Auge zugedrückt. Wenn doch nur schon der Tag morgen vorbei wäre.

Außerdem verliere ich meine Haarpracht. Wie werde ich dann mit einer Glatze aussehen? Eigentlich hätten mir schon heute die Haare geschoren werden müssen, aber der Friseur war unheimlich nett. ‚Ich komme erst morgen zu Ihnen‘, hat er mir gesagt. ‚Wenn Sie heute am Sonntag vielleicht Besuch bekommen, sollen Sie noch schön sein.‘ Ist dies nicht eine sehr freundliche, edle Haltung? Morgen muss er schon um sechs Uhr früh bei mir sein. Das rechne ich ihm hoch an, dass er seinen Nachtschlaf für mich opfert und eine Stunde früher aus dem Bett schlüpft. Es gibt doch noch liebe, verständnisvolle Menschen."

Ich saß still da und hörte zu. Ich wusste auch nicht, was ich hätte sagen sollen. Meine Hand legte ich auf die ihre und ließ mir einfach erzählen, wie die Operation vonstatten gehen würde. Sie ist mit einem großen Risiko verbunden, das wusste Frau Hilgert. Ihre Nervenkraft war nicht die stärkste. Dazu haben auch die schweren Schicksalsschläge beigetragen. Da war zunächst die Scheidung. Als ihr Mann damals von ihrer noch als unheilbar geltenden Krankheit erfahren hat, suchte er sich eine neue, jüngere Partnerin und reichte beim Anwalt die Scheidung ein. Das war ein entsetzlicher Schlag für sie.

Noch schlimmer aber hat sich der Unfall ihres einzigen Sohnes auf ihr Leben ausgewirkt. Peter hatte gerade sein Staatsexamen als Jurist gemacht und war mit Sabine, einer angehenden Lehrerin, verlobt, als das Unglück geschah. Auf einer Ölspur war die schwere Maschine ins Rutschen gekommen und hat ihren Jungen gegen einen Straßenbaum geschleudert. Seine Verlobte blieb nahezu unverletzt, er aber war auf der Stelle tot. Wahrlich, das Schicksal hat Frau Hilgert nicht gerade mit Samthandschuhen angefasst. Hier saß ein Mensch vor mir, der hin und her geschüttelt wurde. Klein wurde ich, sehr klein sogar, angesichts dieser großen Not. Noch immer schwieg ich. Wie hätte ich diese Patientin auch trösten können?

Dann holte ich mein kleines, schwarzes, schon sehr zerfleddertes Neues Testament, das ich aber sehr liebe, aus meiner Tasche. Es ist schon viel gebraucht und begleitete mich nun schon seit über 45 Jahren auf meinen Wegen. Ich las Verse aus dem 91. Psalm: „Wer unter dem Schirm des Höchsten sitzt und unter dem Schatten des Allmächtigen bleibt, der spricht zu dem Herrn: Meine Zuversicht und meine Burg, mein Gott, auf den ich hoffe ... Er wird dich mit seinen Fittichen decken und deine Zuversicht wird sein unter seinen Flügeln ... Denn der Herr ist deine Zuversicht, und der Höchste ist deine Zuflucht. Es wird dir kein Übel begegnen, und keine Plage wird zu deiner Hütte sich nahen. Denn er hat seinen Engeln befohlen über dir, dass sie dich behüten auf allen deinen Wegen, dass sie dich auf Händen tragen und du deinen Fuß nicht an einen Stein stoßest."

Behutsam fragte ich, ob ich denn noch ein Gebet sprechen dürfe. „Ja, ich bitte sogar darum." Ich faltete meine Hände, rief Gott an, nannte den Namen vor ihm, dem Höchsten, und flehte ihn an, er möchte doch die Hände der Ärzte recht führen, ihnen Weisheit und Entscheidungskraft geben und die Operation gelingen lassen. Dann wünschte ich meiner Patientin noch eine ruhige Nacht mit tiefem Schlaf. Bevor ich mich verabschiedete, fragte ich Frau Hilgert, ob ich ihr noch mal übers Haar streichen dürfe. Sie schaute mich an und lächelte etwas wehmütig: „Ja, greifen Sie nur hinein in meine Lockenpracht. Morgen früh fällt sie der Schere zum Opfer. Aber wenn mich die Gehirnoperation von meinem Leiden erlöst, will ich sie gerne dahingeben. Haben Sie herzlichen Dank für Ihren lieben Besuch. Sie haben mir Mut zugesprochen. Können Sie mir noch sagen, wo dieser Spruch von den Engeln Gottes steht? Ich brauche ihn für mein Leben."

Gerne kam ich diesem Wunsch nach und versprach Frau Hilgert, sie über den nächsten Tag mit meinen Gebeten zu begleiten. Fest drückte sie mir die Hand.

Drei Tage später klopfte ich wieder an die Tür von Zimmer 218. Ich war überrascht, die Patientin recht munter vorzufinden. Mit einem dicken Verband und einem wunderschönen Seidentuch um den Kopf saß sie im Bett. Sie freute sich, dass ich gekommen war. „Nun ist alles überstanden", begrüßte sie mich freundlich. „Die Operation hat sogar neun Stunden gedauert. Aber die Ärzte sind zufrieden. Bald kann ich die Klinik verlassen. Darauf freue ich mich schon."

Drei Wochen später erreichte mich eine Ansichtskarte von Heilbronn. Frau Hilgert ist glücklich, dass sie nun wieder zu Hause in ihren vier Wänden sein darf. Die Operation ist zur Zufriedenheit der Ärzte gelungen. „Mir geht es gut. Ich darf wieder gesund sein. Nun warte ich noch, dass meine Haare wachsen. Aber ich bin optimistisch, dass ich nicht mehr allzu lange mit einer Perücke herumlaufen muss. Ihnen, liebe Frau Bormuth, herzlichen Dank für Ihre tröstende Begleitung in schwerer Zeit und für das Wort von den Engeln, die mich behüten. Ganz liebe Grüße, Ihre Silvia Hilgert."

Mich hat dieser Gruß froh gemacht. Das Wort aus Psalm 91 schrieb ich mir auf eine weiße Briefkarte und stellte sie mir auf den Schreibtisch. Andere wollte ich mit diesem Psalm trösten und bin selbst so voller Freude und Hoffnung erfüllt worden. Nie ist ein Mensch verlassen, wenn er auf Gott vertraut.

Ein schäbiger Pappkarton und ein kleines Menschlein

Von einem kleinen Jungen will ich erzählen. Ich bin ihm auf der schönen Insel Taiwan begegnet. Kaum war er geboren, da brach schon das Unheil über ihn herein. Er war ein Kind mit Downsyndrom. Hinzu kam noch ein schwerer Herzschaden, mit dem er das Licht der Welt erblickte. Die Eltern wussten wohl nichts mit dem behinderten Buben anzufangen. So legten sie ihn in einen alten, schäbigen Pappkarton und stellten diesen vor der Pforte eines Krankenhauses ab, so wie man einen ausrangierten Koffer abstellt. Sicher würden sich freundliche Menschen dieses armen, elenden Kindes erbarmen.

Der Direktor der Klinik in Hualien rief Schwester Monika im Heim Bethanien an, die mit noch anderen Missionarinnen behinderte Kinder betreut. Die Marburger Diakonisse sah das kläglich weinende hilflose Geschöpf und nahm das Kind unter ihre Obhut. Der ausgesetzte Junge blieb am Leben, wenn er auch in der Entwicklung vor anderen Kindern zurückblieb. Erst mit zwei Jahren lernte er das Laufen.

Zunächst aber galt es, einen Namen für dieses Findelkind zu wählen. Die frommen Schwestern suchten mit Bedacht den Namen David aus, einen wunderschönen Namen, der so viel wie „der Geliebte Gottes" bedeutet. Die notvolle frühkindliche Prägung soll nicht sein Schicksal überschatten. Gottes große Liebe soll über seinem Dasein stehen. Er soll erfahren, dass die Schwestern in Bethanien ihn liebevoll betreuen und dem Kind einen guten Start für sein Leben ermöglichen wollen. In der nahegelegenen Klinik fand sich sogar ein Arzt – er ist Christ –, der Davids Herzfehler operieren will. Ich habe David selbst auf dem Arm halten dürfen, als wir diese Missionsstation besuchten und dort anlässlich einer Zurüstungswoche Vorträge hielten. Sein Schreien klingt mir noch in den Ohren, als wir uns von ihm verabschiedeten und Bethanien im Auto verließen.

Notvolle Lebensgeschichten dürfen von Gottes tröstenden Glücksgeschichten durchbrochen werden. Der kleine David macht dies offenbar.

Lachen und Weinen

Ich krame gerne in alten Akten, Fotos und Briefen. Dabei fiel mir heute Morgen eine Karte in die Hände. Wie einen Schatz hielt ich sie fest und habe sie gleich zweimal gelesen. Meine Gedanken gingen zurück in eine Zeit, als ich mich besonders um Anna-Maria mühte.

Ihre Seele war so zerrissen, und sie blieb es auch, obwohl sie in guter nervenärztlicher Behandlung war. Ab und zu gab es auch lichte, frohe Tage, und manchmal wich ihre Krankheit auch für mehrere Monate. Gerade im letzten Jahr zeichneten sich Fortschritte ab, und es war, als risse der Himmel auf und ein Stück heile Welt zeige sich am Wolkenrand. Sie kam innerlich bei Gott zur Ruhe. Wie oft hat sie bei mir im Wohnzimmer gesessen. Wir haben eine Tasse Tee getrunken und frisch gebackenen Zwetschgenkuchen oder Apfelstrudel gegessen.

Es war nie schwer, mit Anna-Maria ins Gespräch zu kommen. Manchmal sprudelten ihr die Worte nur so über die Lippen.

Öfter habe ich auch mit ihr einen Bibeltext betrachtet, damit ihr Innerstes eine Orientierung fände. Dann haben wir auch gerne miteinander gebetet. Über Jahre stand ihr Name auf meiner Gebetskarte. Ich habe mich mit ihr gefreut, wenn es in ihrer Seele hell wurde, und habe geweint, wenn die Schwermut sie fast erdrückte. Welch ein Geschenk war sie mir, und zugleich in welch eine Herausforderung wurde ich durch die Begegnung mit dieser jungen Frau gestellt! Aber vielleicht höre ich an der Stelle erst mal auf, weiterzuschreiben, und gebe ihren Brief wieder. Dass sie mir noch ein Gedicht anvertraut hat, freut mich besonders.

Marburg/ Lahn, den 26.12.81

Liebe Frau Bormuth!
Oft habe ich daran gedacht, wie wunderbar Gott doch in meinem Leben gewirkt hat. Immer wieder erfahre ich es, wie seine Verheißungen mich trösten, fröhlich machen und aufrichten, wenn ich einmal verzagen will. Und immer wieder erlebe ich die Geborgenheit im Herrn. Dafür danke ich ihm jeden Tag. Stellen Sie sich vor, heute sagte

mein Mann, er wolle an Neujahr mit mir in die Kirche gehen. Ich weiß, dass die Gebete mehrerer Menschen für ihn so erhört worden sind. Gott handelt, wann und wie wissen wir nicht, aber es ist ein Geschenk für mich, dass ich in der letzten Zeit meinem Mann doch von Gott erzählen durfte und er mir zugehört hat.

Ach, Frau Bormuth, bitte beten doch auch Sie mit für ihn, dass Jesus ganz in sein Herz kommt und ihn neu und heil macht. Vertrauen auf Gott, Buße tun und in der eigenen Schwäche von Gott gestärkt zu werden, das täte Not, damit seine Angstzustände, seine Unzufriedenheit, seine kranke Seele endlich der Vergangenheit angehören.

Und das alles darf ich Gott zutrauen, er kann alles ganz neu machen. Leider muss ich seit zehn Tagen wieder Medikamente nehmen, und meine Krankheit wird wohl bleiben. Doch mit Jesus Christus kann ich's tragen, denn Gott trägt mich hindurch. Und dasselbe kann er auch mit meinem Mann.

,Fröhlich soll mein Herze springen' – das fiel mir gerade ein. Und ein Spruch vom heiligen Franz von Assisi: ,Gott ist Freude, darum hat er die Sonne vor sein Haus gestellt.' So dankbar bin ich für die Menschen, die ich durch die Telefonseelsorge kennengelernt habe. Bitte geben Sie es doch weiter, wie viel mehr mir von dort geholfen wurde als durch die Medikamente.

So, und hier ist das versprochene Gedicht, welches gut in die Jahreszeit passt. Ich schrieb es im November 1965, mit 15 Jahren:

Glockengeläut
Glocken schwingen, singen, klingen,
Lied des Friedens tönt.
Lied des Friedens, Glockenklang,
den die laute Welt schon lang
heiß herbeigesehnt.
Glocken tönen, dröhnen, mahnen,
dass der Friede Einzug hält,
alles in Verklärung schweigt,
andachtsvoll und still verneigt
sich die laute Welt.

Wir wollen für den Frieden beten. Für den Frieden in der Welt, und wollen unseren Bruder (unsere Schwester) sehen.

Liebe Frau Bormuth, grüßen Sie Ihre Familie. Ich bete für Sie, dass Gott Ihnen Kraft gibt für die Bibelarbeit. Mit herzlichen Grüßen, Ihre Anna-Maria."

Wie schön wäre es, wenn ich mit diesen Zeilen wunderbarer Erinnerung hier schließen könnte. Aber das Leben birgt nicht nur frohe, glückliche Stunden, sondern führt uns auch in Tiefen, da wir erschaudern.

Es war an einem nasskalten, trüben Novembertag. Nicht ein Mal war die Sonne an diesem Donnerstag durch die dunklen Wolken gebrochen. Ich war auf dem Weg in den Bibelkreis, da begegnete ich einer Mitarbeiterin aus der Telefonseelsorge. Sie schlug ihren Arm um mich und verlangsamte ihren Schritt. „Lotte, ich muss dir etwas sehr Trauriges sagen. Anna-Maria ist tot. Sie hat sich aus einem Hochhaus in die Tiefe gestürzt und hat diesen Sturz nicht überlebt. Den ganzen Tag habe ich bei ihrer alten Mutter gesessen, die auch nur noch sterben will."

Ich begriff nicht, was ich soeben hörte. Nein, nein, nein!, schrie es in meinem Innersten. Nein, das ist nicht wahr! Nein, das kann gar nicht wahr sein! Vorgestern war sie doch noch bei mir. Ich war wie zu einem großen Eisklumpen erstarrt. Ich ging noch in den Bibelkreis, aber mit meinen Gedanken war ich weit abgedriftet. Erst als ich wieder zu Hause war, ordnete ich allmählich meine Sinne. Ich saß in meinem Sessel, der Krampf löste sich allmählich, der mich bisher hatte erstarren lassen, und ich weinte wie ein kleines Kind. Tränen flossen über die Wangen. Ich weiß nicht mehr, wie lange ich laut heulte und vom Weh geschüttelt wurde, aber dann beruhigte ich mich langsam. „Herr", betete ich, „soll denn all mein Tun in der Seelsorge zum Scheitern verurteilt sein? Ist es wahr, dass dieser so liebenswerte Mensch, der zu mir und ich zu ihm Vertrauen gefasst hatte, so verzweifelt war, und ich es noch nicht einmal wahrnahm?

Warum hat Anna-Maria mich nicht angerufen, ich wäre doch zu ihr gegangen, hätte mit ihr geredet und gebetet? Herr, es ist nicht recht, dass du diese wunderbare, so begabte und schöne Frau in der Düsternis ihrer Verzweiflung zugrunde gehen ließest." Ich haderte mit Gott. Warum, warum, warum musste solch Schreckliches geschehen? Hundert Fragen stiegen in mir auf, und ich wusste nicht eine einzige Antwort. Schließlich erinnerte ich mich an den einen Satz, den mir der Leiter unserer Telefonseelsorge schon mal gesagt hatte, als sich eine alleinerziehende Mutti das Leben genommen hatte und ich am liebsten aus der Mitarbeit ausgestiegen wäre: „Frau Bormuth, wir sind nicht Herren über das Leben der Menschen. Manchmal ist die Todessehnsucht so überwältigend, dass wir den Selbstmordkandidaten nicht vor dem Suizid bewahren können. Uns darf nur trösten, dass Gott selbst das letzte Wort über einen solchen Menschen sprechen wird, und es wird immer ein barmherziges Wort sein."

Ja, so ist es: Gottes Barmherzigkeit hat noch kein Ende, sondern sie ist alle Morgen neu und seine Treue ist groß.

Was ist bloß mit mir geschehen?

Zwölf wunderbare Tage lagen vor mir. Im neu erbauten Tagungsheim in Reudnitz waren 34 Teilnehmer zur Bibelfreizeit angereist, und ich sollte sie durch diese Zeit führen. Da das Haus behindertengerecht gebaut ist, wunderte es mich nicht, dass sich auch ein Rollstuhlfahrer mit seiner Frau eingefunden hatte. Aber für den Herrn, der seit einer Reihe von Jahren an Muskelschwund leidet, war es ein regelrechter Schock, als er vom Programm der Rüstzeit erfuhr. „Ich will doch nicht zu einer Rüstzeit. Urlaub will ich machen, einfach Urlaub mit Eva. Dieses Haus habe ich mir ausgesucht, weil es auch für Rollstuhlfahrer geeignet ist. Nein, ich will mich nicht in eine Gruppe einfügen. Ferien mit Eva will ich haben und sonst nichts. Unter diesen Bedingungen ist es wohl das Beste, wir reisen wieder ab!", vertrat er seinen Standpunkt sehr bestimmt.

„Nun bleiben Sie doch!", redete der Hausvater auf ihn ein. „Es steht Ihnen wirklich nichts im Wege, was Sie an einem schönen Urlaub hindern könnte. Wunderbar können Sie sich in unserem Haus erholen und sie müssen gar nicht an den Veranstaltungen der Rüstzeit teilnehmen. Sie sind dann unsere privaten Gäste."

„Gut, wenn dies möglich ist, dann bleiben wir hier. Aber ich möchte noch einmal betonen, wir sind dann nur privat hier, ganz privat", und damit waren für ihn die Grenzen abgesteckt.

Aber es kam ganz anders. Draußen schien die Sonne strahlend am Himmel. Wir saßen auf der Sonnenterrasse und ruhten uns von den Reiseanstrengungen aus. Das Ehepaar löste Kreuzworträtsel, und ich las das Buch von Dostojewski „Die Brüder Karamasow".

„Günther, ich gehe schwimmen. Meinst du, ich könnte dich allein lassen?", hörte ich die Frau sagen. Herr Volkmann (Name ist geändert) nickte. „Geh nur, in einer Stunde wirst du sicher wieder zurück sein. Vielleicht habe ich bis dahin meine Rätselaufgabe gelöst." Frau Volkmann packte ihre Sachen zusammen und verschwand im Hallenbad.

„Ist es Ihnen recht, wenn ich Ihnen etwas

Gesellschaft leiste und ich mich zu Ihnen setze?", sprach ich den Herrn an. „Ja, das wäre sehr nett. Rücken Sie nur mit Ihrem Liegestuhl näher heran. Ich sehe, Sie lesen Dostojewski. Interessieren Sie sich auch für russische Literatur?"

In meinem Gegenüber hatte ich einen Kenner Tolstois, Dostojewskis, Gogols, Puschkins und Gorkis gefunden. Ein lebhaftes Gespräch kam in Gang. Ich war in meinem Element, schrieb ich doch gerade an einem Buch über den großen Dichter Dostojewski und war begierig, Neues zu erfahren.

„Übrigens, ich werde in diesen Tagen auch einen Vortrag über das Thema halten: Dostojewski – Denker, Dichter und Christ. Dieser große Schriftsteller der russischen Literatur fasziniert mich. Schon als junger Mensch habe ich angefangen, seine Werke zu lesen, und bin bis heute nicht von ihm losgekommen", erzählte ich ihm.

„Ist es möglich, an diesem Vortrag teilzunehmen? Ich würde gerne dazukommen."

Nichts hörte ich lieber als dies, und so legte ich meinen Vortrag gleich für den nächsten Morgen fest. Was mich aber mächtig überraschte, war die Tatsache, dass fortan das

Ehepaar bei allen Bibelarbeiten und Vorträgen anwesend war. Mit großer Aufmerksamkeit hörte es zu, ganz gleich, ob ich die Geschichte des verlorenen Sohnes erzählte oder über Abraham oder über die Arbeit der Telefonseelsorge sprach. Das Interesse an der biblischen Botschaft war mit dem Vortrag über Dostojewski geweckt. Nur an zwei Bibelarbeiten konnte er nicht mit dabei sein, weil Herr Volkmann unpässlich war, und entschuldigte sein Fehlen. Wunderbar haben sich die beiden in die Freizeitgruppe eingefunden. Der Satz: Wir aber sind nur privat hier, schien vergessen. Dieses Ehepaar gehörte einfach mit zu uns und fühlte sich von Herzen angenommen. Nun saß ich öfter neben Herrn Volkmann, wenn seine Frau schwimmen ging. Sie konnte dann viel beruhigter ihre Runden im Hallenbad ziehen. An einem Nachmittag erzählte mir der Rollstuhlfahrer sein Leben. Ich lasse ihn selbst zu Wort kommen:

„Sport war meine Welt, und für die Leichtathletik brachte ich mit 1,89 Meter die rechten Körpermaße mit. Ich war schlank und schnell dazu. Mein Trainer erkannte meine gute Veranlagung und förderte mich. Ich hatte sogar das Vorrecht, zur Sportschule ausgewählt zu werden. Stolz war ich für dieses Privileg und strengte mich mächtig an. Ich zeigte Leistung, sprintete als Schnellster über die Tartanbahn, war der Beste im Weitsprung, und auch im Kugelstoßen konnte mich keiner übertreffen. So wurde ich für das Land Sachsen Meister. Zu Hause häuften sich die Pokale und Preise in der Vitrine, und Siegerurkunden zierten meine Wände. Aber ich musste für den Sport hart trainieren.

Auch in beruflicher Hinsicht ebneten sich die Wege. Die Partei erkannte meine Fähigkeiten und förderte mich. Ich durfte studieren und arbeitete als Verwaltungsleiter in einer großen Einrichtung. Außerdem wurde mir noch die Aufgabe zuteil, die Belegschaftsmitglieder in den Betrieben auf die Linie des Marxismus einzuschwören. So diente ich dem DDR-Regime und wurde zu Propagandazwecken eingesetzt. Durch meine athletische Figur, meine Siege im Sport, meine Redekunst und meine Begeisterung für die Lehre des Kommunismus wurde ich zum Vorzeigemodell gekürt. Die Weltanschauung von Lenin und Marx waren mir schon durch meine Eltern in die Wiege gelegt worden. Meine Beredsamkeit und mein Bekanntheitsgrad durch den Sport ließen mich die Karriereleiter emporklettern. Ich war zu Höherem geboren, und das machte mich stolz und hoffnungsfroh.

Aber dann kam ein Tag, ein rabenschwarzer Tag, der mit einem Schlag mein Dasein verdüsterte. Ich stürzte in die Tiefe, wie ich es mir vorher gar nicht hätte vorstellen können. Beim Weitsprung nahm ich Anlauf und wollte eine große Weite erzielen, aber ich plumpste wie ein schwerer Sack in die Grube. Ich hatte urplötzlich keine Kraft, den Sprung bis zu Ende zu führen.

Der Trainer rätselte, was denn mit mir geschehen sei, und brachte mich in die Klinik. Ich wurde gründlich untersucht, und die Diagnose war niederschmetternd. Ich litt an Muskelschwund, einer unheilbaren Krankheit. Es war mir zumute, als steckte ich in einem dunklen Tunnel, aus dem es kein Heraus mehr gäbe. Ich begriff die Welt nicht mehr und war tief betrübt. Die größte Enttäuschung bereiteten mir meine Eltern. Als mein Vater von meiner Krankheit erfuhr, sagte er mir klipp und klar ins Gesicht: ‚Junge, mit einem Krüppel können wir nichts anfangen. Das ist für unsere Familie eine Blamage.'

Meine Mutter bestand darauf, dass ich mir beizeiten einen Pflegeplatz in einem Heim sichern sollte. Nun wusste ich, was ich für meine Zukunft zu erwarten hatte. Scheibchenweise würde ich seelisch und auch körperlich zugrunde gehen, und jedes Jahr würde ich den Boden der Suppenschüssel klarer sehen.

Sogar meine Genossen und Freunde nahmen Abstand zu mir. Immer seltener sah ich sie. Plötzlich hatten mich alle fallen gelassen, die sich früher in meinem Ruhm sonnten. Diese Tatsache machte mich so wütend, dass ich erbost aus der Partei austrat. Nein, mit solchen Menschen, die nur von Solidarität reden und sie nicht praktizieren, wollte ich nicht mehr in einem Boot sitzen. Fortan würde ich auf mich selbst gestellt sein, und so suchte ich mir einen Platz in einem Heim für Schwerstpflegefälle aus. Oft war ich so verzweifelt, dass ich mir das Leben nehmen wollte. Aber sogar dieser Ausweg blieb mir versagt. So lag ich in meinem Bett, elend und körperlich schwach. Ich litt an hässlichen, tiefen Wunden am Gesäß und an den

Beinen. Ich wartete auf meinen Tod, aber er kam nicht.

In dieser Zeit, die mein Gemüt verfinsterte und mich unsägliche Qualen leiden ließ, gab es eines Tages doch einen Lichtblick. Ein Pfarrer, den ich noch nicht einmal kannte, klopfte an meine Zimmertür. Er fragte, ob er mich besuchen dürfe. Ich war ja nicht einmal Kirchenmitglied. Sein Herz zeigte menschliche Rührung. Still saß er an meinem Bett und hörte sich meine Klage und meine Enttäuschung an. Er sagte nicht viel, aber was hätte er in meiner verzweifelten Situation auch sagen sollen. Mein Herz war so starr, so verbittert, ja es war wie ein Eisblock. Der Pfarrer kam in regelmäßigen Abständen wieder und war mir wie ein Freund. Ich freute mich schon immer auf sein Kommen und wartete sehnsüchtig auf ihn.

Eines Tages kam eine Mitarbeiterin des Pfarrers. Sie sollte nun den Besuchsdienst weiterführen. Sie arbeitete im Diakonischen Werk. Ich war völlig überrascht, als diese junge Dame in meiner Tür stand. Sie brachte so viel strahlende Freude und Herzlichkeit in mein Krankenstübchen, und mir war zumute, als ginge die Sonne für mich auf.

Ich schöpfte Hoffnung, ob ich noch einmal meiner Qual entkommen könnte. Fast konnte ich die Zeit nicht abwarten, bis sie wieder bei mir reinschaute, so aufgeregt war ich. Nachts lag ich auf meinem Lager und musste nur noch an diese wundervolle Frau denken. Sie stand so fröhlich und verständnisvoll an meinem Bett.

Alle vierzehn Tage kam sie zu mir ins Pflegeheim. Das Sonderbare, oder soll ich sagen, das Wunder geschah: Wir verliebten uns ineinander und heirateten auch kurz darauf. Eva holte mich aus dem Pflegeheim, und wir bezogen eine wunderschöne, behindertengerecht gebaute Wohnung. Nie hätte ich geglaubt, dass mir solch ein Glück widerfahren könnte. Auch die Familie meiner Frau hat mich liebevoll angenommen. Es ist mir manchmal zumute, als lebe ich in einem Märchen und wäre Hans im Glück."

So weit die einzigartige Lebensgeschichte voller Freude und Wunder. Wir verlebten eine sehr gesegnete Zeit mit diesem noch jüngeren Paar auf der Freizeit.

Nun war der letzte Tag unserer Rüstzeit angebrochen. Wir wollten Abendmahl miteinander feiern. Als Text zur Predigt hatte ich das bedeutungsvolle Wort aus dem Hiobbuch gewählt: „Ich weiß, dass mein Erlöser lebt." Voll innerer Ergriffenheit hörte Herr Volkmann zu. Seine Hand hatte er in beide Hände seiner Frau gelegt. Er war ja selber solch eine Hiobsgestalt. Die Tränen liefen ihm über die Wangen. Gott selbst redete zu ihm. Als wir dann das Heilige Mahl feierten, ließ er das Brot und den Wein nicht an sich vorübergehen, sondern griff zu. Jesus selbst hatte sich ihm in Brot und Wein als sein Herr und Heiland offenbart. Er stammelte sogar die Worte des Vaterunsers mit.

An diesem Abend saßen wir noch länger zusammen. Es war für mich schon bewegend, als Herr Volkmann still vor sich hin sprach: „Ich sitze hier und esse Brot und trinke Wein, dabei bin ich noch nicht einmal Kirchenmitglied. Was ist bloß mit mir geschehen? Ich begreife mich selber nicht. Aber das weiß ich: Auch mein Erlöser lebt!"

Mutti, ich will nach Hause

In Berlin hielt ich Vorträge in der Landeskirchlichen Gemeinschaft. Meine Quatiergeber waren ein junges Ehepaar. Bestens wurde ich versorgt.

Am Abend saß ich noch mit meiner Gastgeberin ein wenig zusammen. Sie begann das Gespräch: „Frau Bormuth, Sie haben mich nach unseren Kindern gefragt, und ich sagte Ihnen, dass wir eine Adoptivtochter und eine Pflegetochter haben. Aber eigentlich hätten wir drei Kinder. Timo war unser eigenes Kind, aber er ist schon früh verstorben. Wir waren mit unserem Wohnwagen in die Ferien gefahren. Oben auf dem Autodach hatten wir die Fahrräder mitgenommen. Im flachen Land macht das Radfahren richtig Spaß.

Auf solch einer Tour stürzte unser Sohn in einen Graben. Außer ein paar Schürfwunden und Prellungen konnten wir sonst nichts weiter feststellen. Aber seit dem Sturz litt Timo unter Kopfschmerzen. Ich ging mit dem Jungen zum Arzt und ließ ihn untersuchen. Die Diagnose war niederschmetternd. Unser Sohn litt an einem Gehirntumor, der so ungünstig lag, dass er nicht operiert werden konnte. Die Ärzte sagten uns die Wahrheit, dass das Kind keine Chance zum Überleben habe. Diese Nachricht war für uns ein schwerer Schlag. Unser Timo musste also sterben. Wie sollten wir das begreifen? Hätten nicht so viele Menschen für uns gebetet, ich glaube, wir hätten verzweifeln müssen. Aber Gott stand uns bei und tröstete uns. Lange würden wir den Jungen nicht mehr in unserer Mitte haben können. Ich überlegte, wie ich Timo für die neue Welt Gottes vorbereiten könnte, aber es war mir zu schwer, mit ihm über den Tod zu reden. So schwieg ich, obwohl der Sand im Stundenglas immer weiterrann.

Der Geburtstag von Timo stand an. ‚Mutti, darf ich mir meine Freunde einladen? Uta, Florian, Swen und Jessika sollen kommen. Kannst du mir meine Lieblingstorte backen, Schwarzwälderkirsch? Ich würde so gerne meine Jeans und mein neues T-Shirt anziehen. Außerdem habe ich mir schöne Spiele ausgesucht. Schreibst du sie auf? Topfschlagen, Mensch, ärgere dich nicht und Memory. Mutti, dies wird sicher ein schöner Geburtstag.'

Ich erfüllte meinem Sohn alle seine Wünsche, und wir verlebten wirklich einen frohen Tag, obwohl Timo oft auf der Couch liegen musste. Die Krankheit war doch schon weit fortgeschritten. Als alle Kinder gegangen waren, setzte ich mich zu ihm. Er nahm meine Hand in die seine: ‚Mutti, ich will jetzt nach Hause.' ‚Aber du bist doch zu Hause, Timo.' ‚Nein, Mutti, dies ist nicht mein Zuhause, ich will zu meinem richtigen Zuhause, ich muss zu einer andern Hausnummer gehen.'

Das waren seine letzten Worte. Timo drehte sich gegen die Wand, verfiel kurz darauf ins Koma und wurde von Gott in seine neue Welt mit der himmlischen Hausnummer heimgeholt."

Ein weiteres Buch von Lotte Bormuth

**Gott schreibt die Partitur,
mal in Moll, mal in Dur**
ISBN 978-3-86827-407-3
240 Seiten, gebunden

Wer hat das noch nicht erlebt? Gerade noch werden
wir vom Glück verwöhnt und singen unser Lebenslied
in Dur, da wendet sich das Blatt plötzlich und statt
fröhlicher Lieder sind es nur noch traurige Melodien,
die unseren Alltag bestimmen. So erlebt es Mirko, der
junge Familienvater, der an Leukämie erkrankt. Und
mit ihm viele andere, deren Erlebnisse Lotte Bormuth
in diesem Buch erzählt.

Aber gerade die schweren Wegführungen lassen im Leben eines Menschen die Frage nach Gott aufkommen.
Wie oft, wenn uns ein fröhliches Lied nicht über die
Lippen kommt, weil die Umstände uns in ihrem Bann
halten, ist es ein Wort Gottes, das wie eine Melodie in
Dur erst leise erklingt und dann ganz von uns Besitz
ergreift.

Lassen Sie sich von der Schicksalsmelodie der Menschen, die uns in diesem Buch vorgestellt werden, er-
mutigen, gerade in schweren Situationen auf den einen
zu schauen, der die Partitur unseres Lebens schreibt,
mal in Moll und mal in Dur. Mit Gott auf unserer
Seite kann es gelingen, auch in Schwierigkeiten ein
fröhliches Lied anzustimmen.